慌《あわ》てない・もめない・負けない経営

鳥飼総合法律事務所
代表弁護士 鳥飼重和

日本経営合理化協会出版局

まえがき

「まさか、うちに限って…」

トラブルに巻き込まれて相談に来られる社長は、皆さんそうおっしゃいます。

売上や利益をあげることに関しては、素晴らしい力を発揮する社長であっても、「法律ごと」になると途端《とたん》に鈍感《どんかん》になってしまうようです。

しかし現実には、「長時間労働が常態化《じょうたいか》している」「社員が過労でウツになった」「未払い残業代がある」「自社の製品でお客様が怪我をした」「社員が幹部をハラスメントで訴えた」「インターネットに自社の誹謗中傷《ひぼうちゅうしょう》が書いてある」「税務調査で脱税がバレた」など直接業務に結びつくモノから、離婚や相続がらみなど社長個人のトラブルにいたるまで、「まさか」は、身近にあるのです。

恐いのは、たった一件のトラブルであっても対応を間違うと、苦労してつくり上げてきた売上や利益、信用やブランドなど、すべてが吹っ飛んでしまう経営リスクになることです。

それなのに「法律なんて守っていたら商売なんてできるか」と、法律を学ぶことも、日常に法律家と話すこともない社長がいます。今まではそれで通用したかもしれません。しかし、インターネットの発達や、個人の権利意識の向上、法整備により、「隠しておきたいことが簡単に表沙汰《おもてざた》になる」時代になりました。これからの経営は、「法律から逃げるのではなく、法律を手段として使う」という発想をもたなければなりません。ビジネスを構築するのも、動かすのも、人を雇うのも、取引するのも、その基礎はすべて法律です。経営と法律はまさに一体なのです。

私が本書で繰り返し主張したことは、トラブルが起きる前に「先手を取る」ことです。事前に実態や事実、証拠をつくって、自分に圧倒的に有利な「土俵」をつくっておくと、行政であれライバルであれ、どこから突かれても有利な状況を崩《くず》されることはありません。すると、もめることも、争うこともなく、狙った結果にもっていくことができ、「戦わずして勝つ」ことができるのです。

反対に、ことが起こってから慌《あわ》てて対応するようでは、すべてが後手にまわります。戦略を立てることも、結果をコントロールすることもできず、毎回、勝つか負けるか、勝負をしてみないとわからないという状況になってしまいます。これではギャンブルです。

ただ、リスクを必要以上に恐れることはありません。最悪のリスクでも、事前なら対応策はあります。もっとも怖いのは、リスクを知らないままでいることです。

本書では、中小企業経営者が「最低これだけ知っておくべき」という経営トラブルと、社長個人のリスクを多くの事例で、その対処法をわかりやすくまとめました。今まで法律を毛嫌いしていた方でも、事例を気軽に読むだけで自然と「まさか」を先取りできるリスク感覚が磨け、法律を経営にどのように使っていくかの糸口をつかむことができます。

今後ますます社長の社会的責任が厳しく追及される世の中になっていきます。本書が、長期にわたって「慌《あわ》てない・もめない・負けない」経営を実現する一助《いちじょ》になると信じております。

本書の出版にあたり、日本経営合理化協会出版局次長の園部貴弘氏に、心からの感謝を申しあげます。同氏の多大なご尽力と叱咤激励がなければ、本書の出版はなかったからです。

二〇一八年六月

鳥飼総合法律事務所
代表弁護士　鳥飼重和

もくじ

序章　会社と社長を守る「経営参謀」の用い方

第一章　多発する「労務トラブル」解決の実務

第二章　もめない「相続と事業承継」のやり方

第三章　戦わずに勝つ、中小企業の税務戦略

第四章　税務調査が入った時の社長の正しい対応

第五章　社長の個人トラブルを解決する

第六章　経営参謀としての弁護士の選び方

第七章　今後本格化する法的リスクの新たな波

一、集団訴訟社会の到来

装丁　美柑和俊

序章　会社と社長を守る「経営参謀」の用い方

回避できないリスクが社長を襲う

会社や社長をとりまく環境は、ますます複雑化しています。法律の厳格化、インターネットやＳＮＳの発達による情報の氾濫、従業員や顧客の権利意識の向上などで、今まで許されていたことや見逃されてきたこと、隠れていたこと、問題にならなかったことなどが、不祥事《ふしょうじ》として表沙汰《おもてざた》になったり、予想外のところから攻撃を受け大きな傷を負ったりします。

会社や社長に降りかかるリスクやトラブル、もめ事、紛争は、お客様はもちろん取引先や従業員、そして社会からの信頼を失うとともに、時間的にも金銭的にも大きな損害が出てしまいます。それは、致命的《ちめいてき》な経営リスクの一つです。そして何よりも大きな損害は、社長が元気を失ってしまうことです。

しかしそのほとんどは、社長が法律意識（リーガル・マインド）をもつことと、法律を用いた先手必勝の経営策を提案できる経営参謀《けいえいさんぼう》を身近に置くことで、リスクに対して先手を打てます。それによって、トラブルやもめ事自体が起こらない状況をつくり上げることも、被害を最小限に抑えることもできます。

つまり自由競争という複雑化した戦場で「戦わずして勝てる」のです。

それにもかかわらず、今までなんとなく上手くいっていたからと、法律やルール無視の経営をしていたり、経営陣をはじめ社内に法律を知る人がいなかったり、法律思考ができる人を遠ざけていたりする社長が多くいるのが現状です。

これは、自由競争社会をまだ「戦場」だと認識していないからです。

ですから、攻めるための武器であり、身を守るための鎧《よろい》である法律に関する知識と、法律の使い方を学ばずに戦場に出向いてしまいます。勇気というよりも暴挙《ぼうきょ》としか言いようがありません。

日常のちょっとしたことが法律リスクになり、会社や社長個人の危機につながります。実際、意識していない些細なことが致命的な経営リスクになっていることも多々あります。

ここでいくつか、私が実際に担当した「まさか、こんなことが」という会社と社長のリスク・トラブルをご紹介しましょう。

末端の事故一件でも社長が辞任（建設D社）

東京の中堅建設企業の子会社、D建設工業の工場で死亡事故が起きました。

荷物を運ぶフォークリフトが横倒しになって、二三歳の社員がフォークリフトの下敷きになってしまいました。頭を強く打って即死です。

就業時間中に従業員が死ぬと警察はもちろん、労働基準監督署の監督官まで捜査に来ます。まず警察は、業務上過失致死《ぎょうむじょうかしつちし》（※1）かどうかを捜査します。事件性の有無、会社側に管理上の問題がなかったか、当事者の落ち度がどの程度だったかなどを調べます。そして、会社側に管理上の問題があった場合、現場の責任者が逮捕・送検されることもあります。

D建設工業の事故の場合、指導監督義務《しどうかんとくぎむ》を怠ったということで工場責任者と直属の上司二名が、業務上過失致死《ぎょうむじょうかしつちし》に問われました。

他方で労働基準監督官は、労働に関する法律の違反がなかったかどうかの観点から死亡事故の原因を調べます。

労働環境がどうだったのか、雇用条件はどうなのか、健康管理はできていたのか、安全教育をしていたのか、そのようなところを細部までチェックします。その上で、死亡事故があると今は必ず「長時間労働だったのでは？」との疑いをもって調査をします。

長時間労働の疑いが少しでもあると、その工場にいる従業員全員を調査します。すると、

「超過勤務《ちょうかきんむ》」や「残業代の未払い」の話が必ず出てきます。長時間労働に対する法律違反だけでなく、残業代を払っていないとしたら、それも違法です。

結局、D建設工業は死亡した社員の補償の他、さらに五〇〇〇万円近くの未払い残業代の支払いまですることになりました。

それだけではありません。もし超過勤務《ちょうかきんむ》などの違法行為が、今回の事故の原因と直接結び付いていたと判断されると、さらに大変なことになります。

その影響は親会社にまで及ぶこともあります。たとえば親会社である中堅建設企業が上場準備に入っていたとしたら、上場できなくなるかもしれません。たとえ子会社が起こした事故であっても、死亡事故や労働に関する法律違反は、上場審査に引っかかってしまいます。

今回の事故は、会社の安全配慮に関する違反は「ない」とされたので、親会社まで責任が及ぶことはありませんでした。

しかし、労働基準監督官のさじ加減によっては、違った判断になっていたかもしれません。

これらのように、労災事故は、その現場のその個人だけの問題では終わりません。

場合によっては、その会社の従業員だけでなく、さらには親会社、関連会社、発注元などの問題にもなります。法律違反、特に労働問題に関しては、行政も世論も裁判所も、昔よりも厳しい判断を下す時代になりました。

ですから社長としては、現場の末端《まったん》での出来事だからと軽く見るのではなく、それがどう自社に広がり、影響を与えるかということを意識しなければ、経営判断を大きく誤ってしまいます。

最近の例でいうと、電通です。新人の女性社員の自殺です。

過労で自殺したのではないかとの疑いをもたれ、捜査したところ「違法に長時間勤務している」という法律違反が見つかり、最終的には会社と女性社員の直属の上司が、検察に送検されました。

通称「過特《かとく》」というのですが、労働基準監督署に「過重労働撲滅特別対策班《かじゅうろうどうぼくめつとくべつたいさくはん》（※2）」が組まれて、過労自殺のあった東京だけでなく、中部、京都、大阪の支社まで抜き打ちで徹底的に調査され、最終的には、社長までもが経営責任を取って辞めました。

このことから、何が読み取れるでしょうか？

それは「過特《かとく》」が、東京での過労自殺を会社全体の問題、つまり、社風に問題があったと結論づけたということです。自殺した女性社員と組織の上層部とは直接的なかかわりがなかったにもかかわらず、法律上は監督責任を負うはずもない社長が辞任したのも、この過労自殺を巨大企業である電通という会社全体の問題としてとらえている証拠です。

つまり現在の日本社会では、「労務の問題」は会社全体を揺《ゆ》るがす巨大なリスクをもった経営課題だということを読み取る必要があります。


電通事件は、巨大企業だけの問題ではありません。むしろ、中堅・中小企業にとっては、倒産を含む致命傷《ちめいしょう》になりかねない問題です。中堅・中小企業の社長は、上場企業の経営者以上に**法令遵守《ほうれいじゅんしゅ》（コンプライアンス）・法律意識（リーガル・マインド）**をもたないと、売上や利益、お客様など商売以外の所で、会社をおかしくしかねません。

奥さん名義の株は経営リスク（スーパーUストアー）

B社は、愛知県でいくつかの会社を池田社長（仮名）と奥さんの夫婦で経営しています。その中の一つに、スーパーのUストアーがあります。現在、Uストアーは二店舗あり、二〇億円近くの売上がありますが、地域の少子高齢化だけでなく、大手進出の噂もあり将来性がありません。そのため、池田社長はM＆Aを模索していたところ、良い条件で買い手がついたので売却することにしました。

しかし、奥さんとの離婚問題が絡《から》んだため、思うように売却もできず、泥沼になってしまいました。

Uストアーの株は、池田社長が九〇％、奥さんが一〇％もっています。買い手は上場企業です。地域で評判の良いスーパーなので、相場より高めで買ってもいいという話になり、契約直前までとんとん拍子に話が進んでいました。

しかし、ここで問題が起こりました。

池田社長の浮気がバレて、奥さんと離婚することになったのです。そして奥さんは、浮気の腹いせもあったのでしょう、突然Uストアーの売却に反対しました。買い手は上場企業なので、一〇％もの株主が反対すると面倒なことになると、契約に難色を示してきました。

ここに会社法の知識をもった経営参謀がいれば、池田社長が九〇%の株をもっているので、「特別支配株主《とくべつしはいかぶぬし》の株式等売渡請求《かぶしきとううりわたしせいきゅう》（※3）」を使えばいいとアドバイスしたでしょう。そうすると池田社長が、奥さんの株を強制的に買い取ることができるので問題なしです。

しかし、池田社長には離婚に詳しい弁護士はついていましたが、会社法に詳しく全体の状況を見渡せる経営参謀がいませんでした。そのうち、買い手側の上場企業が「〇月〇日までに一〇〇%の株式を譲渡してくれるのであれば買うけれど、一〇〇%でなければ買わない」と、期限を設けてきました。

奥さんについた弁護士は状況が読めていて、「奥さんが賛成しないと売れない」というのを知っています。そこで相場の何倍もの高値を吹っかけてきました。そのため池田社長は、「そんなバカ高いものが買えるか」と争いになり、結局は時間切れでUストアーを売却することはできませんでした。

良い案件なので、すぐに次の買い手がつきましたが、契約を成立させるためには、奥さんの株をなんとかしなければ、同じことの繰り返しです。そこで池田社長が当事務所に相談にきましたが、奥さん側の動きのほうが早く的確でした。

ちょうどそのころ、離婚の調停がうまくいかず審判に移りました。審判とは、調停での話し合いで結論が出ない場合に、裁判になり、家庭裁判所の裁判官が離婚するか否かを決定します。

その時に、池田社長がもっているUストアーの株が二〇億円くらいの価値があることがわかり、奥さん側は、それを慰謝料として押さえにきました。他の財産もあるのに、あえて池田社長がもっているUストアーの株を狙い撃ちしてきました。離婚の判決が出ていないため、Uストアーの株式は仮押さえされたままです。つまり譲渡・売却ができないので、二件目のM&A話もなくなりました。

結局、今もUストアーの売却はできていません。

売る時期を逃し、お荷物を抱え込んだまま、離婚問題もさらに悪化し解決の目途がつきません。そのような中、奥さんは他の会社の株も五%、一〇%と少量ですがもっています。これから同じようなことが起こるのではと、池田社長は他の会社の経営も落ち着いてできない日々を過ごすことになりました。ちょっとした遊びのつもりの浮気が、ここまで自分と会社を追い詰めることになるとは……。今では強く反省しています。

この話のように、たとえ夫婦経営であったとしても、奥さんに株をもたせるというのは、リスクであり問題です。順調な時はよいのですが、必ずしも最後まで順調にいくとは限りません。さらに、経営者の離婚率は一般のそれより高いというのもあります。

今回の場合は、離婚が決まった時にすぐ、奥さんの持ち株を解決しておくべきでした。その後にＭ＆Ａをおこなえばよかったのです。Ｍ＆Ａの話が奥さんの耳に入る前ならば、話し合いで奥さんの持ち株を相場で買い取ることも、「特別支配株主《とくべつしはいかぶぬし》の株式等売渡請求《かぶしきとううりわたしせいきゅう》」で奥さんの株を強制的に買い取ることも簡単にできたでしょう。先に株を取り上げてしまえば、奥さんが弁護士に入れ知恵されることなく終わっていたはずです。

また、たとえ奥さんの株式保有が三〇％であっても池田社長が七〇％の株式を保有していれば、会社法で奥さんの反対を封じることもできました。ただし、そのためには先手を打っていることが前提です。

池田社長はＭ＆Ａを考えていて、そのあとで離婚調停の話になった。そうなると当然リスクとして、奥さんによる妨害は想定しなければなりませんでした。

しかし、池田社長個人には離婚問題が得意な弁護士がついていて、会社のことより奥さんとの離婚の話を優先しました。M&Aの話も知ってはいましたが、今回の離婚がリスクになるとは考えなかったのでしょう。このように、会社に弁護士がいても、離婚は離婚、M&AはM&Aで、まさか相互に深く影響があるとは思っていないという例も多いのです。

あまり知られていませんが、弁護士も医者と同じく専門や得意分野があります。そして、そこでの常識でモノを考えるので、発想が固まってしまっている弁護士もいます。

奥さんのほうの弁護士は「いかに慰謝料の値段を高くするか」を考えていました。

そうすると、池田社長側にM&Aの話が出ているので、「株を押さえたら勝つ」という発想が出てきて当然です。しかし、池田社長側の弁護士は、そこに気がつきませんでした。ですから、奥さんのいいようにやられてしまったのです。

最初から危険とわかっていたら、いろいろ防ぐ方法はあったのです。先手を打てなかったところが致命的なミスです。攻められてから守るのでは、打つ手が限られてしまいます。

リスクというのは結局、全体的にそして多面的に見なければなりません。

奥さんに弁護士がついていたのにもかかわらず、池田社長側の弁護士がリスク管理ができていませんでした。奥さんがこういう手を打ってくると会社が売れなくなる、だからなんとか今のうちに手を打たなければならない。そのように危機を事前に察知して、勝てるシナリオをつくるのが経営参謀としての弁護士の働きです。

社長が本当に頼りにできる弁護士というのは、M&Aを頼んだら、M&Aだけしかできない弁護士ではダメです。離婚を頼んで離婚だけしかやらない弁護士でもダメです。

そういう狭い視点では、離婚の話がM&Aのリスクになるという発想はできません。

池田社長側の弁護士は、離婚問題については一生懸命やったのでしょうが、残念ながらほかのリスクについては、意識が働かなかったのでしょう。

連絡不足で行政官を怒らせ厳罰に（中古車販売N社）

少し前の話になりますが、埼玉で中古車販売業を営んでいるN社の西村社長（仮名）から相談を受けました。

税務当局からN社に「二カ月後の〇月〇日に調査に行く」という事前通知があり、西村社長から、「いろいろな不都合があるかもしれないので、事前にチェックしてくれませんか」

と言われ、相談に乗りました。法律が変わったので今はもうダメですが、当時はまだ事前通知から調査当日までの間に修正申告した場合は、過少申告加算税《かしょうしんこくかさんぜい》も重加算税《じゅうかさんぜい》（※4）も免《まぬが》れたのです。今は、事前通知の前に修正申告しなければならなくなりました。

私と弊所の弁護士と税理士の三人で伺いました。N社の顧問税理士も来ていて、ひと通り見せてもらい、西村社長や顧問税理士とやりとりをしながら調べていると、やはりいろいろな問題点が出てきました。

N社は儲かっていて、中古車を扱うぐらいですから西村社長も車好きで、派手な外車を五台ももっていました。そしてその車は遊び用に使っているようですが、会社の金で買っていました。そこで「これは個人の用途で使っているのではないですか？」と聞くと、車は通勤用だと言うのです。しかし五台もあり、一台一台の金額も大きいので、さすがにその言い訳では、税務調査官には通用しません。また、お客さんの接待用だといって、クルーザーまで所有していました。

今までは顧問税理士が理屈をつけて経費として計上していたようですが、税務調査に入られると確実に「これは経費にならない」と否認されることをたくさんやっていました。

また、儲かった利益をほかの関連企業に流すような、脱法行為もやっていたので、これもダメですよと指摘しました。うまく隠しているつもりでしょうが、利益を移すなどの操作は調べればすぐにバレます。

そこで私は、重加算税《じゅうかさんぜい》がかかるような仮装隠蔽《かそういんぺい》をしているものを調査の前にオープンにしてしまって、修正申告したほうがよい、と提案しました。

それで西村社長も納得し、顧問税理士が修正申告をおこないました。こうすれば重加算税《じゅうかさんぜい》がかかりません。さらに大きな非を認めたので、税務調査官にとってもノルマのポイントになります。通常なら後は形式だけの調査で、それ以上はわざわざ細かく調べることはしません。

今回の案件はそれで終わるはずでした。しかしさらに問題が起こりました。

私はN社の顧問税理士に、修正申告をしたことを担当の調査官に伝えてくださいとお願いしていました。なぜなら、事前の通知が来たのならば、すでに担当の調査官が決まっているからです。ですから、その調査官に修正申告したことを伝えておかないと、そのことを知らないまま調査に来ることになってしまうからです。

ところがN社の顧問税理士は、調査官に連絡をしませんでした。西村社長も顧問税理士も、調査官の自尊心を軽視していたのかもしれません。

そのため、調査に来てはじめて修正申告されていたことを知った調査官は、「バカにするな」と怒ってしまいました。当たり前です。普通、修正申告をした後に調査に行ってもほとんど意味がありません。それで調査をやめることも多いのです。あるいは形式的な簡単な調査で済ませます。

それなのに、連絡が無かったため、二度手間を掛けさせ、今まで下調べしたものがすべて無駄になってしまったのです。その報復の意味もあったのでしょう。修正申告をしたところ以外を細かく調査し始めました。

調査官に「修正申告しました」と連絡していたら、そのまま調査は終了していたと思います。しかし、調査官が怒り、徹底的に調べ、我々の事前相談の時には聞いていなかった、経費の付け替えの証拠を発掘してきました。その結果、数千万円の重加算税《じゅうかさんぜい》が課されることになってしまったのです。

このケースは情の問題です。行政官も人間です。論理だけでなく感情をもっているのです。

法律だけでなく、行政官の感情というものも考慮しながら手を打たないと、うまくいくものもうまくいかないという教訓です。

責任逃れの嘘がバレて書類送検（飲食R社）

埼玉で居酒屋を八店舗経営しているR社の平野社長（仮名）から、お客さんがアルコール中毒で亡くなってしまったと相談を受けました。

平野社長は大手チェーン店で修行したのち、三〇歳の時に独立した好青年です。商売センスがあったので、数年で八店舗まで店を広げました。そして将来は上場したいという夢をもっていました。

居酒屋は、お客さんにお酒を飲んでもらうのが収益源ではありますが、当たり前ですが未成年に対してお酒を出してはなりません。ところが実際には、未成年かどうか区別がつかない場合でもいちいちチェックはしていません。さすがに学生服を着ている場合は、お酒を出すことはありませんが、コンビニのレジのように「年齢認証ボタン」などで販売側、提供側が責任を逃れるような仕組みはありません。

そのため、最終的な判断は、お店で働いている社員やアルバイトの感覚にゆだねられています。

上場を考えるぐらいですから、平野社長は社員教育にも力を入れていました。しかしすべてに目が届くわけではありません。ある店舗で、未成年の男性にお酒を出してしまいました。そして最悪なことにその人がアルコール中毒で亡くなってしまったのです。

普通の服装でお店に来て、しかも四〇代五〇代の大人もいる中でした。さらに亡くなった男性がお酒を注文しても回りは何も言いません。疑わしいとは思いながらも、そのまま出してしまったようです。そして、宴会で盛り上がって、一気飲みをやって、亡くなってしまったのです。

人が亡くなると警察が来ます。そこで店側が未成年かどうかのチェックをしていたのか、調べられます。接客担当者や店長はもちろん警察に呼ばれて事情聴取されます。問題だったのは、その時に店長が警察を前に動転してしまい、「年齢を確認しました。亡くなった方は、二〇歳だと言っていました」と保身のために嘘《うそ》をついてしまったことです。

ところが、後からそれが嘘《うそ》だとバレました。お客さんや、ほかの従業員もいるわけですから、聞き取り調査をするとすぐにわかります。「店長は年齢の確認なんてしていません」となったのです。そうすると、店長が嘘《うそ》をついたということで、警察を怒らせてしまいました。ごまかそうとしたということは、何か他にもやましいことをやっているだろうと勘ぐられ、余計にペナルティが厳しくなります。

普通であれば、平野社長が「会社がしっかりした調査をします」「報告書をちゃんとお出しします」「教育を再度徹底します」「二度とこんなことは、起こさせません」と非を認めて、改善する誠意をみせれば、未成年とわからないのは仕方なかったということで、注意くらいで済んだかもしれません。

しかし、店長が嘘《うそ》をついたため、「悪質だ」となり徹底的に捜査され、また行政からもそれに伴い厳しくチェックされる事態になってしまいました。最終的には、平野社長と店長は、未成年者飲酒禁止法《みせいねんしゃいんしゅきんしほう》より罰則が厳しい風俗営業法《ふうぞくえいぎょうほう》（※5）によって書類送検され、店は三カ月間の営業停止処分を受けました。

唯一の救いは、少年の遺族から損害賠償を請求されなかったことぐらいでしょうか。自分で飲んだから仕方ないというのがあったのかもしれません。

たまたまこの事例は飲食業ですが、もちろん他の業種にも想定外の問題は起こります。店長が嘘《うそ》をつかなければ、書類送検されることもなかったかもしれません。

想定外を予測できない人たちが、だいたい想定外のことに出遭ってしまうのです。そして、慌《あわ》てふためきいちばん間違った対応をしてしまいます。ですからその時にどうするかという想定外のことを想定して、定期的に訓練を繰り返しておかなければなりません。なぜならこれからは、今までの経験だけでは解決できない問題が、たくさん起きてくるからです。

R社のように、社長自身が気をつけていたとしても、社員の対応次第でちょっとした事故が重大事故になってしまうこともあります。

従業員と争い想定以上の和解金に（整体院T社）

千葉県で整体院を一〇店舗経営しているT社の事例です。

そこに、できの悪い社員、山川君（仮名）がいました。技術は未熟、お客さんとコミュニケーションがとれない、クレームが多い、さらに遅刻・早退はあたりまえと、どうしようもないと他のスタッフからも文句が出ていたので、山川君を辞めさせることになりました。

T社の浜田総務部長（仮名）が、弊所に「社員を一人解雇したい」と相談にみえたので、私は「お金を払って終わりにしたほうがいいです。うちできちんと和解書や示談書をつくるので、このように話をしてサインさせてください。そうすれば、今なら三カ月分の給料で決着するでしょう」と提案しました。

浜田総務部長はそのまま山川君に伝え、山川君も自分のできが悪いことは知っていたので、「わかりました、辞めます」という話になりました。根は素直な人なので、「ありがとうございます」と感謝の言葉が出ていたぐらいです。


しかし、長谷川院長（仮名）は考えが古いままでした。

「こんなやつは見せしめにしなきゃいけない」という話になったのです。「なんでうちに迷惑を掛けたやつに三カ月分も給料を払うんだ。法律だと一カ月分でよいはずだ。本当なら一カ月分も渡したくないが、仕方ないので一カ月分だけ渡して、すぐにクビにしろ」と浜田総務部長に命令したのです。

すると、話がもつれてしまいました。

山川君は会社に、「せめて最初に提示した三カ月分を出してもらえないか」と交渉しましたが、長谷川院長は認めません。そのため、弁護士のところに相談に行きました。すると弁護士は山川君に「今は問題がある人でも、本人に改善の機会を与えていないので、辞めさせるのは、そう簡単ではありません。この件、私に交渉を任せれば、給料の一年分以上は支払ってくれますよ」と言うので、山川君は弁護士に任せることにしました。

長谷川院長の怒りの気持ちもわからなくはないですが、そのせいで山川君に弁護士がついてしまいました。今さら三カ月分ではもう納得しません。

今、私の事務所の弁護士が、山川君の弁護士と交渉をおこなっていますが、「うまくいけば半年分、状況によっては一年分」というところで決着ができるかどうか、調整しています。もし戦って裁判になったら、一年分ぐらいでは済まないでしょう。長谷川院長にも、「もう戦うのはやめなさい」とアドバイスしました。

もっとも考えようによっては、山川君が弁護士の所に相談に行ったからまだマシなのです。

これが私的な労働組合に行っていたら、もっとひどい争いになります。弁護士は法的に論理的に交渉してきますが、組合は少しでも多くのお金を取るため、やりたい放題やってきます。街宣活動《がいせんかつどう》や会社の前で拡声器でのアピール、ビラまき。時には親会社に行ったり、取引先にまで行って不当を訴えます。

それをやられると業務はままならなくなり、信用や信頼がガタ落ちです。他の従業員のモチベーションにも悪影響を及ぼしてしまいます。ですから早いうちに、ある程度、相手が納得する金額を払って辞めさせないと、戦い続けても圧倒的にこちら側が追い込まれるだけなのです。

また、もしこの案件を裁判で戦ったとしたら……。

山川君の能力不足、職務怠慢《しょくむたいまん》だというある程度の証拠や証言があるので、解雇が認められる可能性は十分にあるでしょう。ところが今度は結果が出るまでに時間がかかります。判決に早くても一年はかかる覚悟が必要です。

さらに今は、能力不足という証拠だけでは解雇は難しくなってきています。

今までは、社員の落ち度、たとえば遅刻や欠勤、会社の命令違反などの証拠を全部記録にとって、それを積み重ねれば、「これはひどい社員ですね、辞めさせるのは当然ですね」となっていました。

しかし今は、裁判所が「会社側として、彼が遅刻や欠勤をしないよう、改善の努力はされたのですか？　能力が低いのであれば低いなりに、会社として能力を高める努力はしたのですか？」と言ってきます。

従業員を辞めさせるのはますます厳しい時代になったと言わざるを得ません。

社長はこのような労働問題の最新情報や流れを知らないと、非常に辛い経験をすることになります。

山川君の退職が問題になったら、すぐに労務に強い弁護士に相談して、適切かつ迅速な対応ができるようにすべきです。山川君が弁護士に相談したり、組合に相談したりする前に、T社と信頼関係が続いている中で話し合いをするのがもっとも重要です。これは、労務問題で社長が打つべき先手です。

本来、山川君のように技術や能力が足りない人は、いきなり他人には相談に行きません。だからこそ、その時が経営者側にとってもっとも望ましい解決のチャンスです。このチャンスを失うと、労働問題の法律問題として、辛く苦しい対応を迫られます。何度も言いますが、労働問題は、先手を打つことがすべてです。

中小企業は法律違反の巣窟《そうくつ》（不動産L社）

株主代表訴訟は、株主が会社に代わって役員の責任を追及するための訴訟です。有名なものに、東京電力の経営陣二七人が個人株主に訴えられた「五・五兆円の損害賠償」や、オリンパスの損失隠しで取締役一四人に対し「一三億四〇〇〇万円の支払いを求める請求」などがあります。

これらのように大手の巨額な事案しかニュースにならないので、中小企業には関係のない話だと思われています。しかし実際は、一九九三年の商法改正から件数は増え続け、現在、年間一〇〇件近く争われており、その七～八割は、中小企業での事案です。

さらに今までは、株主代表訴訟をやるような人は、クレーマーや個人的に恨みがある人など少し特殊な人というイメージが会社側にありました。しかしここ数年は、「会社として損害を受けたのなら、訴訟をやるのは当然だ」という流れが出てきて、普通の株主が普通に訴えるようになってきました。

オーナー一人で一〇〇％の株をもっている場合は、代表訴訟が起こることはありませんが、中小企業だと少数の株を家族や身内、古参幹部、創業時に恩になった人などに渡している場合が多くあります。それが、とある出来事をきっかけに火を噴くのです。たとえわずかな株でもあれば、株主代表訴訟ができるということを忘れないでください。

東京の不動産業Ｌ社で、株主代表訴訟がありました。オーナー企業で五〇億ほどの売上があります。そのＬ社の二代目社長、野口氏（仮名）が、会社の遊休地を友人の足立氏（仮名）に相場の一〇分の一程度の金額で売却したことが発覚しました。

それを「会社の資産を不当に処分した」と、先代の番頭で少数の株をもっていた小倉氏（仮名）が訴え出たのです。

結果は野口社長の敗訴。野口社長は、Ｌ社に対して六〇〇〇万円の支払いを命じられました。

このような事例が、中小企業でたくさん出てきています。

もちろん、中小企業固有の問題はあります。たとえば特別背任《とくべつはいにん》（※6）です。実は中小企業は特別背任《とくべつはいにん》の巣窟《そうくつ》だったりします。ただ、あまりそう思われていないのも事実です。なぜかというと、特別背任《とくべつはいにん》がおこなわれても誰も問題にしないからです。法律違反をやっても犯罪を犯しても、それを犯罪だと思わないのです。

たとえば社長が上場企業の株を買い、株が下がったので会社が買ったことにするとか、社長個人が買った土地が値下がりしたので、元の売買価格で会社に買い取らせる、などがあります。実はこれは特別背任《とくべつはいにん》になります。特別背任《とくべつはいにん》といえば一〇年以下の懲役ですから、捕まったら刑務所行きの可能性があります。

社長をはじめ役員は、法律上、会社の利益のため、あるいは会社に損失を与えないために仕事をする職責《しょくせき》があります。したがって、自分の損失を会社に負担させる、あるいは自分の損失を会社を使って取り戻す、などは重い犯罪として法律で規定されています。

中小・オーナー企業の社長は、会社は自分のものだという意識が強いため、自分のために会社を利用するのも許されると思っていることが多いのです。これは、法律を知らないために刑務所の塀の上を歩いているようなものです。

「社長は法律を味方にすべきであり、敵にしてはいけません」

これが社長の法律に対するもっとも重要な基本的態度です。そうでないと法律の知識と知恵を武器とする自由競争社会で、戦う前に敗北しているのに等しいからです。

「会社のために存在する、それが社長なのだ」、これがわかれば社長は何をしていいのか、何をしたらいけないのかがわかります。中小企業の社長に特別背任《とくべつはいにん》が多い理由は、この自由競争社会での社長の基本としてのイロハを知らないためです。

日常には法的リスクがあふれている

今までの事例をみてもわかるように、日常の業務、日常生活の中に数多くのリスクが潜んでいます。それが表に出てトラブルや訴訟になってしまうと、解決するためには多大な時間と労力と費用が必要になります。内容によっては、数カ月、数年と解決に追われ、その間、経営に集中することができません。

ですから、社長は最初からトラブルが起こらない、もしトラブルになってしまったとしてもすぐに解決できる体制をつくっておかなければなりません。それがリーダーとしての務めでもあります。

その時に必要とされるのが、**社長自身の法的意識（リーガル・マインド）**であったり、社長の心配をなくしてくれる**経営参謀としての弁護士**なのです。

普段、法律を意識することはあまりないかもしれません。しかし、身の回りのことのほとんどは法律によって囲まれています。

たとえば、息子に会社を継がせたい、株を譲りたいと思ったとします。そうすると、ここには必ず金や株の異動が発生します。つまり「**民法・会社法**」などの法律を使うことになり、また「**税法**」によって税金がかかってきます。

また社長としての立場や会社の運営、取引については、すべて「**民法**」や「**商法・会社法**」などによってルールが定められています。

社員との関係は「**労働基準法**」や「**労働契約法**」によって縛られていますし、職場環境は「**労働安全衛生法**」によって規定されています。

自社の技術やノウハウを守るためには「**知的財産権法**」なども必要になってきます。

さらに業種によっては、不動産業者であれば「**宅地建物取引業法**」、建設業者であれば「**建築基準法**」、レストランや料理店であれば「**食品衛生法**」などの個別の法律も適用されますし、中小企業でしたら、「**中小企業基本法**」もあります。

また、日常生活においても、車を運転するなら「**道路交通法**」、結婚や離婚をすることになれば「**民法**」や「**税法**」などが関係します。

子どもが何かを壊したり、喧嘩で相手に怪我をさせたら「**民法**」や「**刑法**」「**軽犯罪法**」などの問題になります。またそれらのことで、さらに複雑な紛争に巻き込まれたり、多額の賠償金を払うことになるかもしれません。

このように、会社経営から事業承継、相続、日常の生活、家族にいたるまで様々な法律でルールが決められています。ですから、法律におけるルールを知らなかったり、勝手な判断をするのはすでにリスクなのです。

特に、今は自由競争が激しくなっているためにルール違反に厳しい風潮になっています。以前、許されていたことが許されなくなっています。見逃されていたことが見逃されなくなっています。さらに社員は情報武装して自分たちの権利を主張してきます。隠されていた会社内部の不祥事《ふしょうじ》がネットなどで表沙汰《おもてざた》になってしまうのです。そのため、法律問題をいい加減に考えていると、マスコミに叩かれたり、司法や行政に罰せられたり、訴えられたりするのです。

ですからそれらのリスクを回避するために、法律を知らなければなりませんし、リスクを知らなければなりません。その上で、先手を打ち、様々な法的テクニックを使って乗り切っていくのです。

中小企業ほど「経営参謀」が必要

中小企業は大企業より企業体質が弱いので、社長はリスクに敏感にならなければなりません。ちょっとしたことで大けがしたり、会社が倒産の危機に陥るということは常に考えなければなりません。

ただ、情報過多《じょうほうかた》であり、ものごとの専門化・細分化が進む現代において、社長一人の知識や経験だけでは対応することは不可能です。ですから社長とは違った視点で、リスクを考えたり、トラブルに対処する方法を教えてくれる孫子のような参謀を近くに置く必要があります。また、そういう人材が必要だという発想を社長はもたなければなりません。

私は社長に「あなたの会社とあなた自身を守るために、こういう人たちを社長の参謀に置きなさい」と五人の専門家をおすすめしています。

まず最優先に必要なのが「**弁護士**」です。先ほども述べたように経営活動、日常生活、トラブル対応などすべてが法律問題だからです。ただし、法律だけの弁護士では不十分です。「経営がわかる」弁護士というのが大事です。

二人目は、**税務と財務がわかる優秀な**「**経営コンサルタント**」です。これは持続的成長をするためと、倒産しないためや無駄な税金を払わないためです。

三人目は、「**自社の業界に詳しい人**」が必要です。業界の最新動向はもちろん、ルールや慣習がわからないとダメです。

四人目は、**自社の属する業界を取り仕切る**「**官庁のＯＢ**」なども必要です。官庁は許認可権があるので、そこのところがわかる人が必要になってきます。

そして五人目は「**医者**」です。なぜならすべての基本は社長の元気であり、その元気の基礎になるのが健康だからです。

普段からそれらのメンバーと交流する場をつくり定期的に話をする、たまにはメンバーを集めて食事をするなどして、関係を強めておくのです。日々の活動が、いざという時、大きな力になり、トラブルを予防し、あるいは解決してくれるのです。

事業承継や節税対策、病気になった時など、深刻な事態が起こった時だけに弁護士や税理士、医者を雇うのではなく、それ以前から日常的な交流の場をいかにつくっておくかが大事です。人間関係ができ上がった弁護士や税理士、公認会計士、官庁のOB、医者に「俺は、こういうことがやりたい」と言うと、その実現のために、彼らは先手を打ってリスクをきちんと教えてくれます。そして、柔軟に対応し、もしトラブルが起こった時にはすぐに鎮《しず》めてくれます。先手の場合は、打つ手が数多くあるからです。

今後は、そのような人たちを備えておくことが企業としての強みになりますし、ますます厳しくなる経営環境の中で順風満帆《じゅんぷうまんぱん》に進むための必須事項になってくるでしょう。

それでは次章から、私が携わったいろいろな案件や、世の中で注目された様々な事件やトラブルを紹介します。

労務トラブル、労働災害、事業承継問題、相続対策、節税実務、セクハラ・パワハラ、政治家との関係、社長の離婚、えん罪事件…をどのように解決したか、逆に負けてしまったのか。トラブルが起こらないようにどの段階でどのような手を打っておくべきだったのか。それを経営参謀としての弁護士であり、約四〇名の弁護士・税理士を率いる弁護士事務所の経営者としての視点からお伝えしていきます。

様々なリスクやトラブル事例に触れることによって、ご自身の社長としての**法的意識（リーガル・マインド）**を高めていただくとともに、経営参謀をどのように使いこなし「安全・安心の経営」を実現していくのかの実務を学んでください。

序章のまとめ

1. 会社と社長自身が順風満帆に進むためには、身近に孫子のような経営参謀を置く必要がある。

2. 些細なこと、現場の末端のことだからとリスクを軽視すると、重大事故になり会社や社長を危機に陥れる。

3. 法律で先手を打つと、トラブルやもめ事を未然に防ぎ、起こったとしても被害を最小限に抑えられる。

4. 想定外のことが起こった時、一番間違った最悪の対応をしてしまう。だからこそ事前の訓練が必要。

5. 「戦わずして勝つ」ことが社長としての勝ち方。戦って勝ったとしても時間、費用、労力の無駄。

6. 社長が身近に経営参謀としてもつべき五人。弁護士、経営コンサルタント、業界に詳しい人、業界関係の官庁ＯＢ、医者。

（※1）業務上過失致死＝業務上必要な注意を怠り、人を死傷させる罪。五年以下の懲役もしくは禁錮または一〇〇万円以下の罰金に処せられる。保護法益は、個人の生命・身体である。ここでいう業務とは、社会生活上の地位に基づいて反復継続しておこなう行為のうち人の生命・身体に危害を及ぼす危険がある行為をさす。

（※2）過重労働撲滅特別対策班（過特）＝過重労働事案であって、複数の視点において労働者に健康障害の恐れがあるものや、犯罪事実の立証に高度な捜査技術が必要となるもの等に対する、労働基準監督官の特別チーム。平成二七年四月から厚生労働省の労働基準局監督課に新設された。

（※3）特別支配株主の株式等売渡請求＝総株主の議決権の九〇％以上を有する株主（特別支配株主）が、ほかの株主全員に対し、個別の承諾なく、強制的に株式を取得できる制度。事業承継の場面でも利用することができるキャッシュアウトの手法の一つ。（会社法一七九～一七九の一〇）

（※4）過少申告加算税、重加算税＝過少申告加算税とは、所得税や法人税などを期限内に税務署に申告したけれど、その後の税務調査で間違いを指摘されて、自主的に修正申告をおこなったり、税務署から更正処分を受けたことによって、本来納めるべきであった税金に加えてペナルティ・罰金として追加で払うことになる税金。重加算税とは、所得税や法人税などを期限内に税務署に申告したけれど、その後の税務調査で、事実の仮装・隠蔽を指摘されて、自主的に修正申告をおこなったり、税務署から更正処分を受けたことによって、本来納めるべきであった税金に加えてペナルティ・罰金として追加で払うことになる税金。

（※5）未成年者飲酒禁止法より厳しい風俗営業法＝未成年者に酒類を提供した場合、未成年者飲酒禁止法なら罰金五〇万円が限度、しかし、風営法違反になると一年以下の懲役または一〇〇万円以下の罰金になる。

（※６）特別背任＝会社法上の犯罪。発起人、取締役等が、自己もしくは第三者の利益を図りまたは会社に損害を加える目的で、その任務に背く行為をし、当該会社に財産上の損害を加える罪。一〇年以下の懲役もしくは一〇〇〇万円以下の罰金、または両者が併科される。

引用：（※１）（※６）についての説明は、『デイリー法学用語辞典』（三省堂編修所編　２０１５）より引用しました。

第一章　多発する「労務トラブル」解決の実務

「労基法なんて守らなくても」は過去の話

長時間労働、残業代未払い、不当解雇、安全配慮義務違反（※7）、労災隠し、非正規と正社員の格差、セクハラ・パワハラ、うつ病……など、会社が労働基準法を守っていない、不正をしている、自分たちは不当に働かされている、というのは、従業員のほうがわかっています。

今はインターネットで簡単に調べることができるので、従業員の多くは、社長より自分たちの権利に詳しいのです。

そのような中、未だに多くの社長は、「うちは従業員を大切にしているから問題ない」「従業員が率先して時間を気にせず、やりがいをもって仕事をしてくれている」「法律を守ることは大事だが、法律の規定が古く、今の働き方に合っていない」というように、意図して法律を無視しているわけではないのですが、労働基準法をしっかりと把握《はあく》し、守っているかというと、怪しいところもあるのではないでしょうか。

このような社長の古い価値観が、すでに会社にとっての巨大なリスクだと知らなければなりません。

大手エステサロン「たかの友梨ビューティクリニック」の仙台支店の三〇代と二〇代の女性社員が、月に八〇時間前後の残業を強《し》いられていたのに、割増賃金が支払われなかったとして、約一〇一五万円の支払いを求めた事件があります。

女性社員からの通報で、労働基準監督署から、たかの友梨ビューティクリニックに対して残業代を支払うよう是正勧告《ぜせいかんこく》（※8）が出されました。その時に高野《たかの》社長は仙台支店に行って「法律なんて守っていたらサービス業は上昇しない」「つぶれるよ、うち。それで困らない？　この状況でこれだけ働けているのに、そういうふうにみんなに暴《あば》き出したりなんかして、あなた会社つぶしてもいいの？」と従業員を前に怒りをぶつけ、その発言を録音したテープがマスコミに流されて、世間に叩かれました。

最終的には和解になりましたが、「ブラック企業」との印象が残ってしまいました。美しさが売り物のイメージ企業だけにそのダメージは計り知れません。

たかの友梨ビューティクリニックは、知名度があるのでマスコミネタになりましたが、同じように労働基準監督署から「長時間労働」や「未払い賃金」の是正勧告《ぜせいかんこく》を受ける企業は年々増えています。ただ、社名や商品が知られていない中小企業を取り上げても話題にならないのでマスコミが取り上げないだけです。今の時代は「労働基準法を守っていたら会社が成り立たない」というような意識は、もう通用しません。

さらに厚生労働省も労働環境対策に本腰を入れると明言しています。

これからは「労働基準法に違反しなければ経営が成り立たないというのなら、そのような会社は潰《つぶ》してしまえ」という風潮が加速してきます。「ごまかさないと我々としてはやっていけません」という状態なら、その悪い状態をいかに早く脱するかを早急に考え、実行し、ごまかさなくてもやっていける会社につくりかえなければなりません。苦しい道のりではありますが、それが会社を未来へ残す道なのです。

「そのようなことは綺麗事《きれいごと》だ」と思われるかもしれません。しかし、法律違反をしながら綺麗事《きれいごと》だと言える時代ではありません。

今は、インターネットでいろいろ調べることができます。会社が法律違反をしていることも、社長が不正をしていることも、すぐにわかります。またその不祥事を内部告発したり密告することも簡単にできます。FacebookやTwitterなどのＳＮＳで個人でも情報を世界に拡散できてしまうのです。あらゆるところで会社や社長にとって不利なことを言って、窮地《きゅうち》に陥《おちい》らせることが、ゲーム感覚でできてしまいます。

そのような時代の中で、さすがに真っ白でなければならないとは言いませんが、従業員を雇っていたら「最低限、この程度の基準をクリアーしておかなければ」という基本的な考え方や範囲を従来より厳しいものに変えていかないと、すぐに窮地《きゅうち》に立たされることになるでしょう。

「長時間労働」が様々な労務問題の根源

私は、もともと会社法と税務訴訟が得意な弁護士です。

そのため私自身は、労働法はほとんど扱ったことはありませんでした。それが、あまりにも多くの顧問先が労務トラブルで困っているので、二、三年前からやむを得ず扱うようになりました。すると、私のネットワークに(元)労働基準監督官だとか、労働法の親玉みたいな弁護士たちが入ってきて、いろいろな経験と情報の蓄積をさせていただきました。

その結果わかったのは、**今、真っ先に解決しなければならない労務問題は、「長時間労働」**だということです。長時間労働の問題をクリアーすると、その他の労務問題の多くは自然と解決していきます。

そこで長時間労働を無くすために、まずやらなければならないことは、**社長をはじめ経営幹部が「自社の労働時間の実態を知る」**ということです。

自社がどういう実態なのかを知ると、実態に合わせた対策が立てられます。ところが実際には大企業だけでなく、中小・零細企業においても、自社の労働実態が経営者層に正しく伝わっていない場合が多いのです。

新人の女性社員が、長時間労働の結果うつ病になり自殺した電通事件は、首脳陣からすると、「まさか！　なぜうちで、そんなことが起こったんだ？」という想定外の事件です。最終的には電通の社長が辞任せざるを得なくなってしまいました。

電通では一九九一年にも二四歳の男性社員が、過労で自殺した事件がありました。一カ月あたりの残業時間は一四七時間にも及び、使用者である電通に安全配慮義務違反《あんぜんはいりょぎむいはん》が認定されました。遺族と訴訟になりましたが、電通の全面敗訴です。結局、和解となり、電通は一億六八〇〇万円の和解金を支払いました。その後、電通では再発しないよう徹底的に労働時間を管理するようになり、長時間労働をさせないために模範的《もはんてき》な仕組みをつくり上げたといわれていました。

それなのに今度は、二四歳の女性の新入社員が自殺したというので徹底的に調査したところ、会社が管理していた労働時間と、実際の労働時間が大きく異なっていました。

電通が労働組合と取り決めた残業時間の上限は七〇時間です。しかし、女性社員が自殺する直前の二カ月は、一〇〇時間を超える残業をしていたにもかかわらず、上司からの圧力で七〇時間未満と申告させられていました。これは残業隠しです。さらに労働基準監督官が徹底的に実態を調べると、会社を出てからも仕事をしていた証拠が出てきたので、「もっと多いじゃないか」となりました。監督官の調べでは一カ月の超過勤務《ちょうかきんむ》（※9）は一三〇時間で、睡眠時間も一日二時間程度の日もあったようです。

そして、次に犯罪として検事に事件を引き渡すのですが、検事というのは法律家ですので聞き取りだけでは判断せず、書類や記録などの証拠に基づいて判断します。そのため最終的には一〇五時間と認定されましたが、本当はもっと長かったかもしれません。

このように長時間労働が明らかになり、二〇一六年一二月二八日に、厚生労働省東京労働局は、電通と自殺した女性社員の直属の上司だった幹部社員を、労働基準法違反の疑いで東京地検に書類送検しました。その結果を受けて、翌年一月二三日に、電通の社長が辞任しました。また、二〇一七年七月に東京地検は書類送検された会社と同社の幹部について、次のような処分をしました。

一．会社を略式起訴し

二．同社幹部を起訴猶予に

その後、同年七月一二日に、東京簡易裁判所は異例の判断をしました。

従来の常識では、長時間労働などの労働法違反は、正式な裁判をおこなわず罰金だけの略式命令で裁判手続きが終わります。ところが簡易裁判所は略式命令は不相当《ふそうとう》とし、正式な裁判を開くという判断を示しました。

正式な裁判になると、裁判所がやろうと思えば、当時の社長や直属の上司、あるいは、人事担当者などの証言や様々な証拠によって、長時間労働の実態やパワハラなどを明らかにすることができるからです。

これらのことからも、電通事件は間違いなく、「長時間労働」や「働き方」に対する世の中の価値観や流れを変えたといえます。特に、経営者層にとって、社長の辞任は想定外の驚きのものでした。これからは企業の対応も変わらざるを得ません。

電通の事例から中小企業が学ぶもの

今はまだ労基法違反で刑事事件化したとしても、多くの場合、最終的には個人の責任までは行かず、ほとんどの場合は会社の罰金で済みます。ところがこれからは事件の内容次第では、その会社の社長を刑事事件の加害者として、書類送検するような流れになる可能性は高くなると思われます。

たとえば、電通は社長が辞任しました。しかし社長個人には、刑罰は科されませんでした。なぜなら電通のような大会社では、社長や役員は現場とは遠いので、直接に亡くなった女性社員を管理監督しているはずはありません。つまり違法事実を具体的に知る可能性がなかったとの判断で、法律的な責任まで問うことはできなかったのです。

しかし、**中小企業の場合、社長や役員の目の届くところに現場があり従業員がいます。**

そうすると、従業員が長時間労働などの影響で自殺した場合、「社長や役員も違法な事

実を知っていたのではないか?」となります。こうなると、社長や役員は単なる辞任ではすみません。逮捕され有罪になると、「六カ月以下の懲役または三〇万円以下の罰金」の刑罰処分《けいばつしょぶん》となり、さらに遺族から数千万円から一億円を超えるような民事上の賠償請求《ばいしょうせいきゅう》を受ける可能性もあります。

特に社長＝会社というようなオーナー中小企業だと、社長が刑事被告になると、間違いなく会社はガタガタになってしまいます。

大手と付き合っている下請け会社は、すぐに契約を解除されてしまいます。建設や土木など、県や市の公共事業を請け負っている会社などは入札資格がなくなってしまいます。一度でもそういうことがあると、もし資格が復活したとしても、実際に次に指名されるのはかなり難しくなってきます。つまり仕事がなくなってしまうのです。一度信用を失ってからの復活は大変、ことによっては会社は倒産します。

このことを中小企業の社長は知りません。上場企業と同じように、辞任で話を濁《にご》そうとしてもダメです。いったん誰かに社長を譲ってほとぼりが冷めたら復帰すればいいなんていう、都合のいい計画も難しくなります。今は、そのような社会状況になっているということを電通の事例から読み取らなければなりません。

「あれは大企業の話だ」ではありません。中小企業の社長は、大企業の事例を自分の置かれている状況を考慮して読み替えて、自分の会社に活かしていくことが求められています。

しかし多くの中小企業の社長は、リスクやトラブル、法律知識について裸の王様です。まったく防御力がありません。防具も身につけていません。何かのきっかけでトラブルや法律問題が現れると、世の中の厳しい攻撃にさらされます。その時はじめて、自分は何も着ていなかったということを知るのです。

そういう話をすると「うちは大丈夫。ちゃんと法律通りやっているよ」と言う社長がいます。たとえば、労働時間を自分たちで管理しているから、これでいいじゃないかと。しかし大事なことは、労働基準監督署の監督官が来た時に、「これでいい」と言ってくれるかどうかです。「行政官基準」が重要であり、「自分たち基準」ではありません。そのレベルまでの徹底が全然確認できていません。

税務調査にしてもそうです。「自分たちで、ちゃんとやっている」のではなく、税務調査官が「問題ない」と言ってくれるレベルにすることが求められているのです。

増え続ける内部告発・密告・暴露《ばくろ》

労基法違反、安全配慮義務違反、社長の不正、社内のもめ事…の内部告発・密告・暴露《ばくろ》が年々増えてきています。

従業員は会社に所属している時には、ある程度のことは不満があっても我慢《がまん》して働いていますす。しかし、辞める時にもめたりすると、間違いなく労働基準監督署か、労働組合に訴えるか、インターネットの掲示板やSNSに書き込むか、なんらかの方法で告発することが増えています。そのようなことは、実際、多くの会社で起こっています。

千葉のK印刷では、社員の山岸氏（仮名）が仕事のやり方で上司ともめて退職することになりました。辞めるにあたってK印刷は山岸氏に退職金を規程通り払ったのですが、その金額でもめてしまいました。

山岸氏は、千葉労働基準監督署に行って、「会社とトラブルがありました。辞めること自体に異存はありません。だけど退職金が少ないのです」と告発しました。要は「退職金をもっと多く払え」との要求です。

しかし、多くの会社では「退職金規程」があり、給料の何カ月分と決めてある場合がほとんどです。K印刷も退職金規程があり、その通りに運用されていたのでまったく問題はありません。告発しても、弁護士を立てても、山岸氏の思い通りには行きません。法律違反をしていない「規程」なら、会社の言い分のほうが認められます。

ところが山岸氏は、「やっぱり納得できない」と思ったのでしょう。なんとか自分の要望を通したいと、再度、労働基準監督官のところに新たな告発に行きました。

そして今度は、「あいつらひどいです、実は残業代を払っていないんです」「超過労働が一〇〇時間を超えています」とか、印刷工場など人の生命・身体に影響する職場はさまざまな規則や法令の安全規定がありますが、「危険防止にお金がかかるからと、この安全対策をやっていない」「規則をこうして違反している」と訴えました。

すると密告を受けた監督官は、「退職金の話だけなら調査する意味はないが、長時間労働や安全に関しては問題がある」ということで、K印刷に対して、「ちょっと調べさせてください」ということになりました。

労働基準監督官が山岸氏の話をもとに調べると、やはり残業代の不払いがありました。そして、ほかの従業員に聞き取り調査をすると「おれも長時間労働をしている」「残業代を払ってもらっていない」「確かにあの機械は危険だ」など、次々に出てきました。

監督官というのは、法令違反に対して非常に敏感です。ですから残業代の未払いを見逃しません。長時間労働や安全義務違反なども、それが重大事故につながる可能性があるので厳しい対応をしてきます。

会社はなんだかんだいっても、真っ白ではないでしょう。いろいろ傷口をもっているので、傷口を知っている元社員が会社に対して不満を抱いた場合、山岸氏のように内部告発することはよくあることです。

さらに問題がこじれて、労働組合が入り労働紛争などに発展すると、自分たちが有利な立場に立つために「あの会社はひどいです」などと、会社の内情や企業秘密だけでなく個人的なことまで、労働基準監督署やネットの匿名掲示板に暴露《ばくろ》していくこともあります。

そして、**会社が長時間労働や残業代未払いなどの違法なことを実際にしていて告発された場合、それを「違法ではない」と弁護することは、どんな優秀な弁護士であっても、ほぼ不可能**だと思ってください。

社会が労基法違反の厳罰化《げんばつか》を望んでおり、裁判所の判断はより厳しいものになっています。どれだけ弁護をしたとしても、やってはいけないことをやったというのは、覆《くつがえ》りません。むしろごまかしたり、強引に覆《くつがえ》そうとすれば、会社はより厳しい扱いを受けることになります。

まず社長自身の法律意識を変える

ですから労働問題に対しては、従業員を責めたり、口止めしたり、違法状態を隠したりするのは時代錯誤《さくご》です。その前にまず社長自身の法律や労働に対する意識を変え、違法なところがない会社に変えることが最優先課題です。

優良企業の社長は、**コンプライアンス**（**法令遵守**《ほうれいじゅんしゅ》）を重視しています。そうしなければ、社会に存在する価値がないとわかっているからです。そこで、社内に不正やトラブル、ハラスメントがあれば、即刻、躊躇《ちゅうちょ》せずに対策を講じ、必要とあれば厳しい懲罰《ちょうばつ》を科します。それが長期的・永続的に、会社を維持する秘訣《ひけつ》であり、高い収益力の源泉である職場を、元気でみなぎらせるとわかっているからです。

今、孫子《そんし》がいたとして、経営参謀として社長にアドバイスするなら、「戦わずに勝つ」最良の方策として用いるのが、この**コンプライアンス**で先手を打つことだと思います。**コンプライアンス**を重視する考え方を、**リーガル・マインド**（**法律意識**）といいます。平和な時代の武器は、知識と知恵であり、その知識・知恵の中で、経営上もっとも重要なのは、法律を使って国家を味方にし、同時に、社会の人々を味方にする**リーガル・マインド**をもつことなのです。

イノベーションを起こして、優秀な人材をいかに集めるかという世界競争をしている企業においては、法律を無視し、旧来《きゅうらい》から何も変わらず過酷《かこく》な労働環境の中で、賃金もろくに払わないで従業員を働かせるのは無理があります。その発想自体が時代に合いません。

やはり、いい会社をつくろうと思っているのなら、ほかの企業に一目置かれる、あるいは他の企業がマネできないレベルを焦点にして、自社の労働環境を整備することです。

従業員に飛び抜けた発想や仕事力をもたせたいのなら、まず従業員が喜んで来てくれるような労働環境にしないと、良い人材が集まってくるはずがありません。

何が本当の労働時間にあたるのか

そもそも「労働時間とは何なのか？」というイロハを知らない社長も多いのです。何が労働時間にあたるのかがはっきりしないので、自社の労働時間の実態が把握できていないのです。ですから労働時間に関係するトラブルは増える一方です。

社長だけでなく、労働者本人も実際は何が労働時間なのかわかっていないのです。「なんとなく労働時間」「わが社が決める労働時間」みたいなあいまいな基準なのです。

私の顧問先である、埼玉県のＦ土建であったことです。

会社から現場まで、車で一時間ぐらいの距離です。各自がＪＲを利用すれば、現場の近くのＪＲの駅に行き、そこからバスで現場に着きます。

もし作業員が、ＪＲとバスを使って直接現場に行っていたなら、その時間は「移動時間」になります。会社の指揮下で役務《えきむ》を提供しているわけではありませんから、「労働時間」ではありません。同じように出張時の移動時間も、状況によって変わりますが、基本的には「労働時間」にはなりません。

つまりその時間は、賃金は発生しません。

そのような状況で、Ｆ土建で何が起こったかというと、労働基準監督官から「賃金の未払いがある」という指摘を受けたのです。

図表1　移動方法によっては、労働時間に換算される

※会社に集合してから現地に行くと、移動中も「労働時間」となる

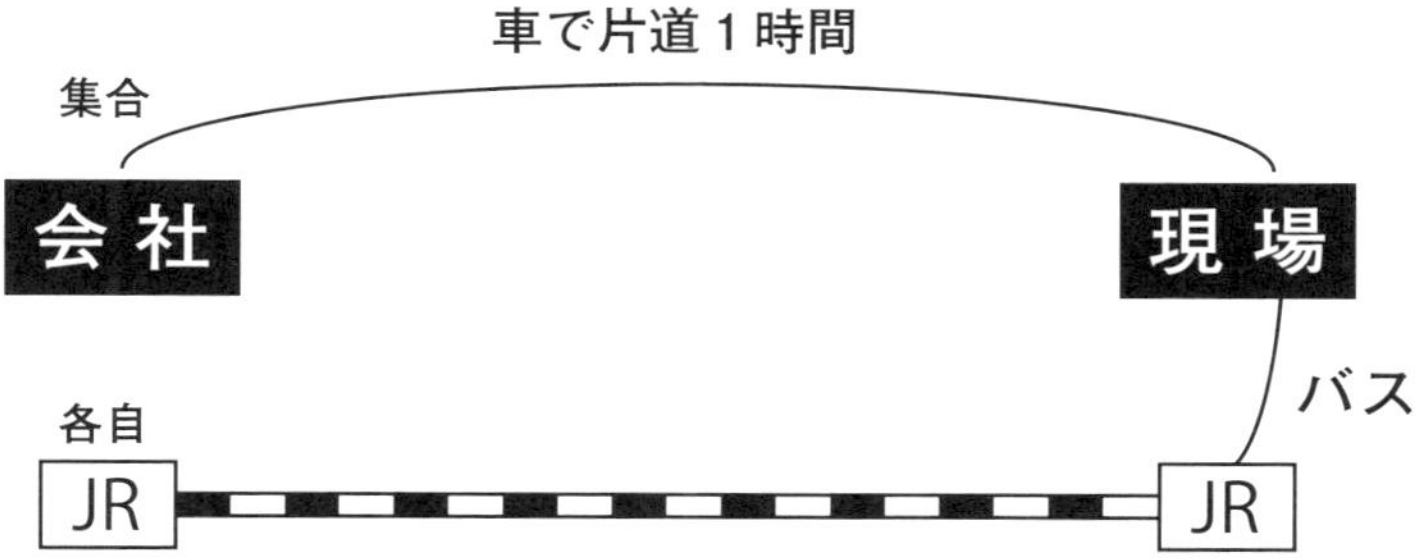

※各自で、公共交通機関を使い現場に行くと、「労働時間」ではない

なぜなら、作業員が現場に行くのに、一人一人、電車とバスで行くのは大変だろうということで、藤田社長（仮名）の親切心で、一度会社に集まってから会社がもっているワンボックスカーで現場まで送っていたのです。それが、会社が作業員として拘束しているので、「労働時間」になると認識されてしまったのです。

実際にどれぐらいの金額になるのか。

六人の作業員が、片道一時間のところを往復していました。それを一年間（約二五〇日）やっていました。そうすると二時間×六人×二五〇日＝三〇〇〇時間。時給一五〇〇円だとしたら、四五〇万円になります。さらに現場で八時間働いていたので、この送迎時間は「超過勤務《ちょうかきんむ》」で一・二五倍の割り増しになります。すると、約

五六二万円になります。

藤田社長にとっては「えっ、これが労働時間ですか？　支払いが必要なのですか？」となりました。実は、そのような状況になっている会社がたくさんあります。

つまり、労働時間のカウントが、会社が考えているものとは全然違うのです。

たとえば出張に行く場合、先ほどは「基本は労働時間にならない」と申しましたが、上司の隣《となり》に座って仕事の話をしながら行くと、それは「移動時間」ではなく「労働時間」としてカウントしなければなりません。逆に、上司と一緒に行ったとしても別のところに座っていたり、隣《となり》に座っても日常生活の話をするくらいであれば、これは通勤時間と同じ「移動時間」で賃金は発生しないという扱いとなります。

その時の会話の内容によって労働時間か移動時間かが決まりますが、そこまでは会社で把握していないので、普通は労働時間だとは思っていません。

労働基準監督官が調査に来た時に一人一人聞き取りをして、「出張中の新幹線や飛行機の中で、上司とずっとしゃべっていますか、たまにですか？」などと聞かれて、「必ず仕事の話になる」と言ったとします。すると「これは労働時間です。未払いの賃金がありますね」

となってしまいます。

私がかかわった中に、会社の経営陣も「こんなことまで労働時間に入るのか？」と、頭を抱えてしまったことがあります。

それは、インターネットのＬＩＮＥというアプリケーションを使って社内の連絡をやりとりしている会社です。非常に手軽に連絡ができるので、ＬＩＮＥで夜中でも休日でも指示や連絡を取り合っていて、従業員がそれを見て、すぐ返事をしないといけない雰囲気になっていました。これが実は、「労働時間」としてカウントされてしまったのです。

また、始業前や終業後に営業会議をおこなったり、集合研修をしたり、掃除をさせたり、理念や経営計画書の読み上げや清書させたりするのも「労働時間」になり、それが、所定時間外にかかる場合には、時間外割増手当の支給が必要になります。

これらのように会社や社長が把握していないところで、労働時間が積み上がってきて、突然、労基署から「あなたの会社の状況は違法です。未払い賃金があります」と言われます。

社長からすると「労働時間」という認識がないので、もちろんその分の賃金を支払ってはいません。

しかし、知らなかった、わからなかったではすまされません。

「長時間労働」として送検されてしまうと、厚生労働省から「労働基準関係法令違反に係る公表事案（※10）」として、「F土建（株）埼玉県○○市　平成二八年一二月一〇日　労働基準法第三二条違反　労働者六名に三六協定の延長時間を超えて違法な時間外労働をおこなわせたもの　平成二八年一二月一〇日送検」などと、ホームページでブラック企業リスト上に実名公表されてしまいます。誰でもその情報を見ることができるため、仕事や取引先、お客様、ブランド、採用活動へのダメージは計り知れません。

労働時間に換算される部分を減らす

このことから社長が考えなければならないことは、売上や利益を生むような動きをしていないのに、労働時間に換算されてしまう部分をいかに減らしていくかという発想です。ただし、法律に反しないやり方が必要になってきます。

たとえば料理屋やレストランなどの飲食業では、ランチ営業が終わった二時頃からディナー営業の五時頃まで、店を閉めています。その間、従業員は店の中で昼寝をしていたり、どこかに買い物に行ったりしています。こういう場合は最初の決め方が大事です。「二時から五時までは労働をさせない、自由だ、寝ていても、外に買い物に行っても、自由に使っていい」というように就業規則や雇用契約書で決めておけば、労働の拘束がありませんから「労働時間」にはなりません。逆にいうと、決めていなければ監督官に「労働時間だ」と判断されることもあります。

労働時間になるかどうかというのは、会社が従業員の動きを把握できるようになっているのかどうかです。

ですからやり方をちょっと外すだけで「これは労働時間ではない」となります。実態がわかれば対策はいくらでもできます。

もちろん業界によっては、長時間労働をしなければやっていけない仕事もありますし、夜中、ずっと超過勤務《ちょうかきんむ》をすることで初めて仕事になるというものもあります。そういう場合には「**社員として社内に抱えない**」という判断も必要になってきます。自社の従業員に何か起こった時は、非常に重い責任が社長と会社にふりかかってきます。ですからそういう仕事の場合は、研究・開発者、システムエンジニア、ゲームクリエイターなどの裁量労働制を採用できる場合を除いては、「**業務委託契約にしなさい**」と私はアドバイスしています。

あるいは、本体から切り離して、別会社の別事業ということにします。アメリカはそのようにやっている企業が増えてきています。労働基準法から外れるような仕事は、完全に外部にやらせています。

ただ、それをやりすぎて、実態として自社の支配下に入っていると判断されたら、それは偽装請負《ぎそううけおい》（※11）になるので注意が必要です。派遣されている労働者への指示命令を、できる限り、直接しなくても仕事が回るように、業務の流れをつくっておかなければなりません。

深刻化するハラスメントへの対処法

労働問題でよく社長から相談を受けるのは、一つは先ほどの長時間労働、そして最近はセクハラ・パワハラ・マタハラなどハラスメントの案件です。

つい最近、私の事務所に、上場企業W社からセクハラ（セクシャル・ハラスメント）の相談がありました。

営業の森下部長(仮名)がセクハラをしているとの訴えです。ところが森下部長は、自分の感覚ではセクハラではないと思っており、人間関係を円満にする手段だと言い張ります。仕事はできるし、部下がたくさんいて頼りにもされている人ですが、双方が折れないので、問題になってしまいました。

森下部長は、女性の部下に「お前、やせすぎだ」とか「太りすぎだ」とか「ペチャパイ」だとか、体型のことを言うのです。そういうことを言ってはいけないと、会社の集合研修では教えていましたが、「相手がそれで笑ってくれているんだから円満な人間関係なんだ。言って嫌がる人には言わないけれど、言って喜んでいた人には言っていた」と言うのです。

しかし、被害を訴えてきたのは森下部長が言う「喜んでいた人」の一人でした。本当は喜んではいませんでした。ただ相手は自部門の部長なので逆らうこともできず、嫌なのを我慢して対応していただけだったのです。

森下部長のように、会社で「このレベルは禁止」といくら指導しても、自分基準で「ここまでは大丈夫だろう」と無視をして、問題になってしまうことはよくあります。

ハラスメント研修をしても、なかなか社内からハラスメントが無くならない理由の一つはこういう人がいるからです。

またパワハラ（パワー・ハラスメント）も問題になっています。実はセクハラよりもパワハラのほうが深刻です。年間に六万件を超える相談が労基署にもち込まれています。**厚生労働省の調査でも過去三年にパワハラを「受けた、見た、相談を受けた」という人は、三人に一人はいると見られています。**しかしそのほとんどが表に出ることはありません。

パワハラの放置は、職場の雰囲気を悪くし、能力や生産性の低下を招き、優秀な人材から辞めていくという悪循環になるので早急に対策をしなければなりません。

ただ、パワハラは、実際にパワハラがおこなわれていることもあるし、逆に鍛えてやろうと思っていたのが、相手に「パワハラ」だと受け止められてしまうこともあります。そういう認識のすれ違いのようなものを正しく捉《とら》えないと、間違った判断で対策をおこなってしまうので注意が必要です。

地方のタクシー会社C社でのことです。乗務員として勤務する伊藤氏（仮名）が、タクシー運転中に路肩に止まっていた車と接触事故を起こしてしまいました。そこで金子社長（仮名）は、伊藤氏に真夏に二週間、会社の敷地の除草作業を命じました。その後さらに研修と試験を受けさせ、合格したので通常業務に復帰させせました。

この一連の処罰に伊藤氏は、見せしめであり嫌がらせだとして、会社を相手に慰謝料三〇〇万円を請求してきました。パワハラだというのです。

詳しく調査したところ、接触事故は、止まっていた車の扉がきちんと閉まっていなくて、ドライバーが車を離れている時に勝手に開いてしまったために起こったものでした。さらに伊藤氏は今まで交通違反が一度もありませんでした。そのため、裁判で「伊藤氏には、接触事故の過失はない」となりました。

そうすると除草作業を命じたことは、炎天下のこともあり、さらに事故の再発防止にも結びつかない処罰なので、「恣意的《しいてき》な懲罰《ちょうばつ》の色が強い」として、違法な業務命令で不法行為であるとし、慰謝料一五〇万円が認められました。

さらに最近増えてきたハラスメントは、妊娠中の女性に対してのマタハラ（マタニティ・ハラスメント）の訴訟や是正指導です。会社として緊急に対応しなければならない労務課題の一つになってきています。

「マタハラ」とは、妊娠・出産・育児休業の取得を契機として、会社が従業員に対して、解雇・雇止め・降格・減給などの不利益な取り扱いをすることであり、男女雇用機会均等法や育児介護休業法で禁止されており、違反した場合は、「損害賠償請求」や「行政指導」の対象となります。

二〇一四年一〇月二三日、最高裁判所が「マタハラ」について一歩踏み込んだ判断をしたとして、大きな話題を呼びました。

この事件は、広島の病院に勤務する理学療法士の女性で副主任の職位にあった人が、妊娠中の軽易《けいい》な業務への転換に際して降格させられ、育児休業が終わった後も副主任に戻されなかったのを不服に思い、病院側に対して損害賠償を求めたものです。

広島高等裁判所は、女性社員が降格に同意していたことなどを理由に、降格は適法と判断していました。しかし、最高裁判所は、妊娠による軽易業務への転換を契機として降格させる事業主の措置は原則として違法であると、マタハラに対して初めて判断を示しました。

それを機に全国の労働局にマタハラ相談が数多く寄せられ、二〇一七年一月より「男女雇用機会均等法」が改正され、不利益な扱いを禁止するだけでなく、上司・同僚が、妊娠・出産に対し働く環境を害することがないよう企業として防止措置を講じなければならなくなりました。

セクハラ・パワハラ・マタハラなどのハラスメントを社内からなくすためには、まず、実態調査やモラールサーベイ（従業員意識調査）が必要になります。弁護士や専門調査会社など外部の機関を使って実効性のあるチェックをするのです。そこで本音の部分を聞いていくのがよいのですが、そこまでできないとしても、会社の幹部や従業員で委員会のようなものをつくって、定期的にチェックしていく体制をつくることです。

そのように調査し実態が把握できたのなら、今度は社長と経営参謀で、自社をこれからどのようにしていきたいかという長期展望のもと、対策を進めていくにようにします。

社長が意思を固めて本気で取り組めば、ほとんどのハラスメント問題は改善するものです。それでもハラスメントをやめないという従業員もいますが、そういう人は、役職を外すとか、部署を変えるとか、勤務地を変えるなどの措置を考えなければなりません。従業員に、「あの実力部長でも変えられてしまうのか」と思わせれば、意外とほかの幹部、従業員の問題もなくなるものです。そういうことを、社長がきちんとやらなければなりません。

ただ、パワハラやセクハラやマタハラなどハラスメントをやっていたのが従業員だとしたら、まだ対応し沈静化することは可能ですが、社長自身がハラスメントをおこなっていた場合、これはもうダメです。

その行為が社長個人の問題だけではなく、会社そのものを危険に晒《さら》す行為だということを自分自身で気づかなければなりません。なぜなら、ハラスメントをしている社長に対して指摘する人はまずいないからです。

従業員が言えるわけがありません。幹部や役員も、保身を考えると言わないほうが適切だと判断するでしょう。さらに外部のコンサルタントなども、恐らくこういう社長だと「うるさい」と言われてクビになるとわかっているから言いません。みんな「困ったね」と陰口《かげぐち》はたたきますが、誰も直接本人には言わないでしょう。

ところが実際にことが発覚して一番困るのは社長自身です。

ですから私は相談を受ければ、社長にもしっかりと、「あなたのその行為はハラスメントです」と伝えることにしています。それが本当に社長のためになると思うからです。

もっとも、実際に訴えられるような怖い思いをしていないので、なかなか聞く耳はもちませんが、「そうなったらどうするんですか?」「あなたがこんなことを言っていたら、このような痛い目にあいますよ」「刑事告発されたら、会社も傾きますよ」と根気よく説得しています。

管理の甘さが社内に犯罪者を生む

労務のリスクを考える上で忘れてはならないものに「内部の犯罪」があります。

自社の従業員を疑うのは心苦しくはありますが、着服や横領、窃盗などはどれだけ対策をほどこしても、なかなかなくなるものではありません。特に金銭管理の甘い職場は、不正を誘発し、社内に犯罪者を生むことを助長してしまいます。

東京で福祉施設を四カ所経営しているH社でのことです。

その施設の職員中野氏(仮名)が、入居者のキャッシュカードを盗んで金を引き出していました。目立たないよう、一度に数千円ずつ、それを二年間続けていました。

H社では入居者のキャッシュカードは安全のため、事務所の金庫にまとめて保管してあったのですが、中野氏は自由に金庫を開けることができました。通常、入居者がお金を引き出す時には、施設長が金庫を開け、キャッシュカードを入居者に渡し、銀行に職員が付き添ってお金を下ろしていたのですが、その時に暗証番号を盗み見ていたようです。

さらに毎月記帳するような収支の管理の仕組みもなく、身元引受人への残高の報告なども特におこなわれていなかったので、チェック機能がまったくありませんでした。不正が発覚したのは、中野氏が退職してからのことでした。

このようなこともありました。税理士の中島氏(仮名)が代表を務める千葉の税理士法人でのことです。

そこに勤める税理士の坂本氏(仮名)は、税理士になってから五年目です。いずれは開業しようと思っていたようで、顧客名簿をコピーするようになりました。自分で担当している企業だけでなく、残業で夜遅くまで残っている時に、他の税理士が担当している顧問先の名簿もコピーしていました。もちろん税理士法人では顧客をもって独立することは禁止しています。

数百社の名簿を手に入れた坂本氏は、税理士法人の中島代表にバレないように注意しながら、顧問先の企業に「私が独立したら、そっちに移ってほしい。顧問料は安くするから。知り合いの社長を連れてきてくれたら、お礼もする」と声をかけはじめました。

ある顧問先の社長が、中島代表にこのことを話し、名簿を盗んでいたことが発覚しました。

中島代表が問いただすと、坂本氏は盗んだことを認めたため、即日解雇されました。

また、よくある例では、レジのお金の着服です。コンビニや飲食店などでは日常茶飯事とまでいわれています。着服しようと思ったら簡単にできて、数万円程度ならしばらくは気づかれることがありません。

たとえ不正を防ごうとPOSレジを導入し、営業終了時に現金合わせをやっていたとしても、一日の売上が数十万円あり、アルバイトやパートなど何人もがレジを打つような場合、隙だらけ穴だらけです。お客さんが置いていったレシートを取り消し扱いにして差額を着服したり、飲食店などではウソの会計伝票を見せ差額を横領したり、そもそもレジに打ち込まず手書きで金額だけをお客さんに提示し全額横領するなど、手口はいくらでもあります。

さらに悪いことに、最初は「ちょっとミスが多いな」ぐらいにしか思わず、着服がすぐには発覚しないので常習化してしまうのです。気がついた時には数十万円、数百万円の損害になっていたりします。

そこで、すぐにやらなければならないことがあります。それは、従業員による不正が発覚した場合、会社としては懲戒解雇や損害賠償請求など厳しい処分を実施しなければならないことです。それがたとえ勤続二〇年のベテランであっても、幹部社員であっても、もちろん社長の身内であってもです。なぜなら**不正を曖昧《あいまい》にしてしまうと、他の従業員から「不正をしてもこれぐらいで済まされるのか」と思われ、さらなる不正を招く**ことになるからです。

ただ、怪しいというだけで持ち物検査や身体検査をしたり、十分な証拠がないのに、手順を踏まずにいきなり懲戒解雇《ちょうかいかいこ》をすると、逆に従業員から訴えられ、多額の損害賠償を命じられるケースもあるので、「現行犯」以外の場合は、対応に注意が必要です。警察に届け出るのかどうかについても、よくよく検討が必要になってきます。

実際に社内に不正があると思った時は、社内の不正対策や刑事事件に詳しい弁護士に相談してから適切な手を打つべきです。

事故の責任は契約次第で変わる

埼玉のある建設現場で死亡事故が起こって、元請けである上場企業V社の法務担当者の丸山氏(仮名)が私の事務所に相談に来ました。

「実は下請けの従業員が事故にあいました」と言うので、「偽装請負《ぎそううけおい》じゃないだろうね、指示命令の実態は下請けにあるんだろうね？」と下請けの独立性が担保されているか確認しました。すると丸山氏は「いやあ、大丈夫だと聞いています」と曖昧《あいまい》な言い方をしてくるのです。しかし、この建設現場で下請けの人たちの労働に対して、偽装請負《ぎそううけおい》になっているのか否かは、現場を実際に見なければわかりません。

そこで私が「ではV社は、長時間労働の問題はないよね？」と聞くと、丸山氏は「はい、大丈夫だと思います」と答えましたが、この返事は危険な兆候《ちょうこう》の典型です。実態を正しく把握していないために、その場しのぎで返事をしているだけなのです。そういう会社は対応が後手後手に回ってしまいます。

事故は起こさないのが一番大事ですが、もし仮に事故が起こったとしても、この事故は、元請けの問題として責任を問われるのか、それとも下請けの問題になるのか、それはすべて最初の契約やルールと現場の実態次第で責任の範囲が決まります。

ですから自社が元請けだとするなら、下請けが事故を起こした時に自社まで労働問題として広がってこないようにしておく必要があります。それには、元請けが全権を握っているような偽装請負的《ぎそううけおいてき》なことをやめて、下請けが自分たちのことは自分たちでおこなっているような体制をつくっておくのです。

逆に、自社が下請けの立場なら、その時に気をつけなければならないことは、元請けのほうが力が強いので、責任を押しつけられないようにするということです。

特に土木や建設などではそういう傾向が強くあります。先ほどの**下請けが起こした事故で元請け会社が責任を問われない方法というのは、下請けの立場になる中小企業にとっては自分たちに責任を押しつけられる方法でもあります。**

ですから元請けの要望に従いすぎると、こちらが違法なことをすることになり、何かあった場合、全部しわ寄せがきます。そのようなことを含めて、労働問題を考えなければなりません。特に元請けの現場のリーダーは実績を上げたり、工期を守ったりしなければならないので、下請けや弱い取引先を痛めつけてでも結果を出さなければという意識が強くあります。その時に労働問題や安全問題でしわ寄せがきて、そういう時に限って事故が起こってしまうのです。

下請けはそのような弱く危険な立場だと認識した上で、自社をどのように守っていくのか、社長として対策を練っておかないと、今後、つらい思いをすることになります。

もし今、自社が元請けの都合のいいように使われている状況になっているとするならば、やはり、そういう立場から抜けだし、独立性の高い企業をつくるという意識をもって、事業の再構築や新事業への進出なども視野に入れ取り組んでいかなければなりません。現状をもっと良くするにはどうすればいいかを考えなければなりません。現状だけでどのようにこなすか、ということだけでは弱いのです。

本来、経営というのは今日よりは明日、明日よりは来週、来年、再来年のようなかたちで、徐々にでも良くしていくという発想が必要です。そういう意味では、今よりもどうすれば良くなるか、労働問題も今よりもどうしたら会社にとってプラスになるのか、従業員に納得してもらうにはどうしたらよいかを考えなければなりません。「もういいや、このままで。何かあったらごまかそう」という発想では企業は長くもたないでしょう。

労災遺族への正しい損害賠償のやり方

東京に本社がある大手S社の地方工場で働いていた桜井君（仮名）が亡くなってしまいました。亡くなったのは工場内ではなくて、自宅で亡くなっていたのですが、長時間労働をしていたのは確かでした。その記録もS社に残っていました。

ご両親はお年寄りで、妹さんが一人いました。桜井君も妹さんもまだ結婚はしていません。その中で稼ぎ手である桜井君が、亡くなってしまいました。

ここまでならS社は、社内で一般的な労災対応をしていたと思います。

しかし桜井君は、とある新興宗教の熱心な信者でした。新興宗教の活動をしている家族ですから、この話に新興宗教の人たちが出てきたら厄介《やっかい》だということで、S社の法務担当が私の事務所に相談に来ました。

私はS社の法務担当に、「普通、桜井君の遺族は、最初から宗教の本部や弁護士事務所や組合には行かないものです。ですから、亡くなったばかりの今、S社が親切にしてあげるという対応をしてください。そうしてある程度、相場よりも高いお金を見舞金として払えば、それで決着がつきますよ」とアドバイスしました。

S社は、その通りにおこないました。親切に対応をして、葬儀などもすべて面倒をみました。それで手厚い退職金と見舞金を払ったのです。実際は、争ってしまった場合の相場からみると低いのですが、それでも先方の家族は納得され感謝しています。

もしこれが、新興宗教の本部に相談に行かれてしまったら大変です。そうなった場合、彼らは、弁護士をこの遺族につけて訴訟を起こすでしょう。そして、会社から少しでもたくさんの見舞金を取るように戦いを挑んできます。なぜならそれが、ほかの信者への宣伝にもなるからです。

事例のように、損害賠償の話の時に一番大事なことは、「遺族に、すぐに、そして心から親切にする」ということです。けっして争ってはいけません。争い始めたら、また違った結果だったでしょう。大事なのは最初の接触のところです。

ここでも先手必勝です。先に先に動いて親切にして、会社を信じてもらうことです。誠意を込めておこなうと、それでかえって感謝されるものです。そしてある程度のお金をきちんと払うのです。もちろん、その分は保険でカバーできるので、会社はそんなに痛手を被《こうむ》ることはありません。ですから、できる限り誠実な対応をして、余計な訴訟にならないよう気をつけなければなりません。

労働災害の遺族は、労働災害に限らずですが、普通、法律を詳《くわ》しく知りません。もちろん、最初から弁護士がついていることもありません。その時が交渉を始めるチャンスです。親切にして、その上で「このくらいでどうでしょう」と損害賠償額を提示するのです。

たとえば、三〇歳ぐらいだとしたら、九〇〇〇万円前後から一億二〇〇〇万円という相場になります。交通事故と似ているのですが、賃金センサスのような形で損害賠償額の相場が出ています。年齢と現在の収入で、だいたいの金額が計算できるようになっているのです。

そこで、早いうちに保険なども考慮して、「七〇〇〇万円くらいでいかがでしょうか?」というように提案します。遺族は相場もわからないし、大きなお金ももらったことがないので、「親切な会社だから、これでいいかな」と、七〇〇〇万円で手を打ってくれます。

逆に、遺族から逃げようとしたり、ごまかしたり、最初から損害賠償金を極端に安くしようとすると、「会社に責任があるのに許せない。もっと謝罪しろ」となり、弁護士をつけて訴訟を起こしてきます。その時は弁護士が相手ですので賠償金の相場を知っています。つまり、損害賠償の金額が高くなってしまい、決着まで時間がかかってしまいますので、遺族に弁護士がつかないようにしながら、話をまとめるようにしてください。

警察より怖い労働基準監督官

労災が起こった時、一番追及が厳しく全社的な影響を及ぼしてくるのは、今は間違いなく労働基準監督官です。

警察は極端な話、現場で死亡事故が起こった場合、業務上過失致死《ぎょうむじょうかしっちし》についてだけ捜査をしてそれで終わりです。しかし労働基準監督官は、今まで述べてきたように、事故そのものの安全対策違反だけでなく、長時間労働やハラスメントなど、ほかの労働法違反も調べます。さらにその影響は事故を起こした会社だけでなく、親会社や下請け、取引先などにも広がっていきます。

また、あまり知られていませんが、労働基準監督官の権限というのは、労働環境改善の指導だけではありません。労働基準関係法令の違反事件に対しては、海上保安官や麻薬取締官等と同じ特別司法警察職員なので、犯罪の捜査と被疑者《ひぎしゃ》の逮捕、送検をおこなう権限があります。

死亡事故など重大事故については、労働基準監督官の権限で、社長や役員が刑事告発されて検察に送検されます。その後、検察官が起訴か不起訴かを決めるのですが、**ここ数年は検**

察官が起訴した労働事件は一〇〇％有罪になっており、懲役刑や罰金刑になっています。ですから、労働基準監督官を甘くみてはいけません。

今では、建設現場や工事現場など、普段から事故が起こりそうな会社では、労働基準監督官の怖さをわかっていますが、普段、事故が起こらないような業種では、そのことがあまり認識されていません。ですからいざ労働現場で事故や死亡事故が起きて、労働基準監督官がいきなり来ると、それだけで戸惑ってしまいます。

大企業であれば社会保険労務士を雇っていて、対応してもらえるので、ある程度は問題ありません。しかし中堅、中小企業になると、社会保険労務士が常駐しているわけではありません。そのため何か大きな事故が起きた時に、正しい初動対策が十分にできず、一番やってはいけないことをやってしまったりします。

自社で労災が起こったり、労働基準監督官が調査に来た時、まず誰に相談をすればいいのかというと、やはり社会保険労務士や労務に詳しい弁護士がいいでしょう。ただ、社会保険労務士には大きく三パターンいるので注意が必要です。

一つは、社会保険の書類や就業規則ばかりをつくっている先生
一つは、主に従業員との労務トラブルに取り組んでいる先生
一つは、労働基準監督署のＯＢで社労士になった先生

もちろん、労働基準監督官の調査に対しては、監督官のＯＢがいいに決まっています。

社労士だからといって誰もが労働基準監督官の調査の現場実務に詳しいわけではありません。ですから、付き合いのある社会保険労務士に、「どのジャンルが得意か」を聞いておいてください。もし、書類しかつくっていない先生だったら、日常はそれで問題はありませんが、「まさか」のトラブルが起こった時のためにも、労務トラブル対応が得意な先生、労働基準監督官の対応が得意な先生との関係をつくっておいてください。

ただ、むやみに怖がる必要もありません。

今の労働基準監督署の方針は、経営者側か労働者側か、どちらかの味方というのではありません。経営者側と労働者側の双方を差別なくみるようになっています。つまり「労使協調《ろうしきょうちょう》」を第一に考えています。ですから社長と労働者がお互いに協調すれば、労働基準監督署としては文句は言わないという立場をとっています。

たとえば、「残業代の未払い」は、法律的には時効が二年なので二年間さかのぼって払わなければならないと思い込んでいる人が多いようです。

労働基準監督官も、人によっては二年分ガッチリと調べて払わせようとする人もいますが、それだけ調べている時間がないので、多くの監督官は、数カ月分調べればそれでいいという考えをもっています。そのため、会社側と協議して、四カ月分だけ調査をするという場合、会社側が「私どもが代わって調べます」という申し出をして、お互いの信頼関係ができていれば、監督官は「任せます」と言ってくれるでしょう。そして、調査で出てきたものについて、どうするかを検討しますが、その時に隠し事なく真摯《しんし》な態度で対応すれば、監督官も「これでいいです」となります。そうなれば、これ以上調査することはありません。

もちろん調査しなかった分、つまり四カ月分以上のものについては是正勧告《ぜせいかんこく》されることはないので、労使が同意すれば未払い分を払う必要はありません。

労働基準監督官との信頼の築き方

このように、労働基準監督官をはじめ、行政官とうまくコミュニケーションをとって信頼関係が得られれば、定期監督であっても、トラブルが起きた時の災害時監督であっても、スムーズに事が運びます。

つまり、労務トラブル対策として重要なのは、労働基準監督官をはじめとした行政官と信頼関係を築くことができるかです。

それなのに、調査に反抗したり、いろいろと理屈をつけてごまかそうとしたり、隠すことが対策だと勘違いしている社長も未だに多くいます。しかし、それは逆効果です。監督官を怒らせ「隠すのは怪しい。じゃあ徹底的に調べるぞ」となってしまいます。

では、信頼を得るにはどのようにすればよいのか。

まず必要なことは**コミュニケーション**です。

私の知り合いの労働基準監督官に話を聞くと、「弁護士がはじめから出てくると、戦闘態勢で来るのでうっとうしい」と言っていました。ほとんどの弁護士は、書面や証拠を出して、「これはこうで違うんだ、労働時間じゃないんだ」という理屈をつけて反論します。しかし、労働基準監督官のほうも「俺たちはこう思っている」という考え方があるので、どれだけ証拠を出そうと、文句を言おうと、覆《くつがえ》すことはできません。

ですから、戦うのではなく、会社側が「そうかもしれません」とまず素直に指摘を聞き、認めて、「指摘いただいた部分を、このようにして直していきます」と言えば、監督官も納得してくれます。労働基準監督官は会社の敵ではありません。あくまで「労使協調《ろうしきょうちょう》」の考え方でやっているのです。

つまり、行政官対応で必要なのは強い交渉力や喧嘩の仕方ではなく、コミュニケーション能力なのです。行政官と争いになったら終わりです。今は行政官対応も裁判所の対応でも、「戦わない」のが主流です。戦わないほうが結果が良くなる場合が圧倒的に多いのです。

正直な話、決定権をもっているのは、労働基準監督官のほうなのです。彼らに「この野郎」と思われたら終わりです。経営者側にほぼ勝ち目はありません。

私の発案したものに、「労務調査士《ろうむちょうさし》」という資格講座があります。弁護士や社会保険労務士など専門家を対象に、労務について詳しく学べる場です。この講座を学ぶと、「監督官とは喧嘩《けんか》しないほうがいい」ということがわかります。労働法を全然知らない社会保険労務士であれば、「お客さんのほうが労働法に詳しいのは恥ずかしい」と、あらためて法律の勉強をするようになります。

また、近い将来には、経営者や実務担当者が、どの弁護士・社労士が自社に合った経営参謀なのか、見極められるような講座を創設したいと考えています。

タブーだった業界にもメスが入る

職人の世界やクリエイティブの世界では、「新人は五年ぐらいは修行中だ」という価値観が未だにあります。

そのため長時間労働・低賃金が当たり前になっている職場もまだ数多くあります。難しいところはありますが、あくまで「その期間も労働だ」ということをしっかりと認識しなければ、今後は訴えられる可能性があります。

逆に言うと、先ほども述べたように、朝も早く夜も遅い、育てるのにも時間がかかり、労働時間も長く危険な仕事は、法改正でもなければ、社員として抱えるのではなく、業務委託にするということも考えていかなければならない時代に入ってきています。

真宗大谷派本山の東本願寺でも、修行中のお坊さんが労働組合に加入し、残業代を請求したというニュースがありました。

お寺の偉い方は、そのような話が出てくるとは夢にも思っていなかったでしょうが、結果、東本願寺は未払いを認め、一人あたり三三〇万円程度の支払いをしました。自分の業界は違うと思っていても、もう時代の流れが例外を許さなくなってきています。

長時間労働が必須の現場があるところは、いつ、誰から、残業代の請求を受けるか、わからない時代になったのです。

また今は、長時間労働から、うつ病など精神的な障害が出てくる例も多くあります。そのようなことからも、今までタブーだと言われていた業界であっても、時間の管理や安全の管理を確保しなければならなくなってきています。

これからは、仕事の効率をどのようにして高めるかということに頭を使っていかなければならない時代です。従来のやり方だと残業が必要になる場合も、やり方を変えれば、残業代を支払わないで、もっと利益が出るようにすることもできるかもしれません。

そのような方向に知恵を使うのです。場合によってはＡＩや機械、システムを入れ替えるなど、今は、さまざまな工夫をすることが可能なのです。

このように社長も、「うちの業界は今までこうやってきた」というタブー意識を捨てて、考え方を変えていかなければならない時代です。

人が死ぬような職場をつくらない

「働き方改革」が叫ばれる今、一番大事なテーマは、「人が死ぬような職場をつくらない」ことです。長時間労働による過労死、うつ病やハラスメントによる自殺、安全対策不備による事故死などがありますが、これは絶対に避けなければなりません。

また同じ会社にいながら、お互いに足をひっぱり、いじめ合うというような社風は異常です。どこかで直さなければなりません。また労使が敵対しても良いことは何もありません。「労使協調」こそが良い会社づくりには必要です。さらに、家庭あっての職場なので、家庭とのバランスも考えておかなければなりません。

「働き方改革」には「長時間労働」「非正規と正社員の格差是正」「高齢者の就労促進」などの課題があります。

その中でも一番の元凶は「長時間労働」なのですから、やはり長時間労働には、ある程度の限度を設けていかなければならないでしょう。

長時間労働で深夜へトヘトになって帰ってきた夫は、家庭のことを顧みる余裕はまずありません。そうすると妻が家庭や子どものことで困ったことがあっても、夫に相談できないという不満が出てきます。さらに妻も働いていると、状況は悪化します。長時間労働問題を根本的に解決しなければ、今後は仕事も家庭ももちません。

次に「非正規と正社員の格差是正」や「高齢者の就労促進」です。

非正規で働く人は労働者全体の約四割を占めます。この層の待遇や働き方を改善できれば、育児負担がある主婦や、体力的に長時間労働が厳しい高齢者、介護を抱えている人たちなどの働く力を今以上に発揮させることができます。

ただしそのためには、政府が推進している「同一労働同一賃金」という問題をクリアーしなければなりません。しかしこれは企業にとっては新たなリスクです。製造業や小売・サービス業など、非正規が多い職場では、かなり大きな額の財源が必要になってきます。

さらに、正社員との賃金格差、待遇格差の是正を求める訴訟がここにきて急増しています。

日本郵便で時給制で働く契約社員が、手当が支給されないことや有給の病気休暇が無いことを不服に思い提訴。裁判所は日本郵便側に九二万円の賠償を命じました。また、物流会社ハマキョウレックスでは、定年後に有期契約で再雇用されたトラック運転手が、定年前と同じ仕事をしているのに賃金が下がるのはおかしいとして提訴。一審では定年前と同水準の賃金を支払うように命じましたが、二審では逆転敗訴。現在、最高裁で係争中で、近々、最高裁が一定の基準を示すかどうか、注目されています。

さらに今後は、四五〇万人いるといわれる「勤続五年超の無期雇用への転換権」を手にする人たちへの雇い止めトラブルも増えてくるでしょう。

このように今は、働き方については過渡期の段階です。しかし、改革はなかなか進んでいません。なぜなら、日本には現状維持を重視する人たちが多くいるからです。経済団体などがそうです。変えなければならない時代に、変えなくてもよいよう、妥協《だきょう》して法律をつくろうとしています。

しかし私は、思い切りバッサリやらないと、日本は良くならないと思っています。

会社というのは、法律に違反しなければ自由なことができます。労働時間が長いと法律違反になりますが、短くても違反にはなりません。給料にしても最低賃金という一時間あたりに払わなければならない最低額は決められていますが、高い場合の基準はありません。

ですから週四日制にしても、週三日制にしても違法にはなりません。わざわざ会社に出てきてやる必要がなければ、自宅など好きなところで仕事をしてもらうこともできます。さらに勤務時間が一日三時間でも四時間でもよく、結果を出せば今までの月給と同じぐらいもらえるとなれば、さまざまな働き方ができたり、さまざまな人材が集まってきたりします。女性も自宅で子育てしながらでも働くことができるようになります。そういう仕組みをつくればよいのです。

ある会社で社員として働いている場合は、他の会社で働いてはいけないというのが一般的ですが、副業は法律で禁止されているのではなく、会社独自の決まりでしかありません。ですから「週に二日くらいは他の会社で何をやってもいいぞ」と決めることもできます。人間というのは、違うことをやったほうが、色々なことを組み合わせて、新しいアイデアが出てくるものです。

このように働き方の選択肢が多い会社のほうが、結果として勝ち残っていくと私は思います。ですから、仕事の評価や給料は、働く時間に比例するのではなく、成果に比例するという風に変えていくべきです。

もちろん、誰でもというわけではありません。ルーチンワークや、時間をかけなければいけない仕事もあります。また、経営者層や中間層、またクリエイティブな仕事など、時間が成果に比例しない仕事もあります。もちろんバランスは必要です。

今の社会では、労働問題で経営者と労働者が訴訟になった場合、経営者側はなかなか勝てません。

なぜ勝てないのか。それは、法律が労働者有利になっているだけなく、労働に対する社長の考え方が間違っているからです。間違っているから勝てる訳がありません。

残業もある程度は必要だと思います。しかし、日本より効率性の高い先進国はいくらでもあります。「長い労働時間でなんとか利益を出す」というビジネスモデルをつくったのは先進国では日本だけです。そして、それはもう限界に来ています。

「時間をかければ」というのは、経営層が頭を使っていない証拠です。もっと頭を使って、効率性を高めるという発想で競争すれば、今よりも収益が高くなるでしょう。もっと違った発想や、破天荒《はてんこう》な発想でいいのです。破天荒《はてんこう》な発想で、今までと違ったものを生み出せれば、誰も競争相手がいない中でやっていけます。そういう会社や事業をつくればよいのです。

皆と同じではなく、皆と違うことをどうやってつくり出し付加価値をつけていくか、それを実現するためにまず必要なのが、社長の発想の転換です。

明治維新というのは、世界で類を見ないと言われています。

革命を起こしたのは日本人です。世界にないものをつくったわけです。今の私たちも同じ日本人なのですから、世界にない新しい働き方、世界にない新しい戦い方をつくれるはずです。

第一章のまとめ

1. 「労働法を守っていたら会社は成り立たない」という社長の古い価値観が、会社にとっての巨大なリスクになる。

2. 最大の労働問題「長時間労働」をなくすだけで、その他の労働問題のほとんどは、自然と解決していく。

3. 「従業員意識調査」で、職場の雰囲気を悪くし、生産性を下げる要因になっているハラスメントを撲滅する。

4. 「内部の犯罪」は、不正に手を染めやすい環境がつくっている。また、現行犯以外は、対応には注意が必要。

5. 警察より怖い、労働基準監督官、税務調査官。行政官にも感情があり、対応次第で敵にも味方にもなる。

6. 労働改善の過渡期。会社は法律違反さえしなければ自由なことができるので、働き方の選択肢を多くつくっていく。

（※７）安全配慮義務違反＝（労働契約法　第五条）使用者は、労働契約に伴い、労働者がその生命、身体等の安全を確保しつつ労働することができるよう、必要な配慮をするものとする、とあり、労働者が勤務中に事故に遭った場合、使用者は損害賠償責任を負う。

（※８）是正勧告＝労働基準監督署が調査をおこなった結果、労働関係法令に定められた基準に違反が認められた時に労働基準監督署がその違反事項に対して是正を勧告すること。ただし、違反があったからといって、その場で罰金などが科せられるわけではない。

（※９）超過勤務＝労働協約や就業規則などによって定められた労働時間を超えて仕事をすること。

（※１０）労働基準関係法令違反に係る公表事案＝労働基準関係法令違反の企業を、今までは都道府県労働局単位で公表をおこなっていたが、厚生労働省がまとめて公表するようになった。企業の名前や所在地、違反した法やその具体的な内容が記されている。

（※１１）偽装請負＝実際は発注先企業が労働者に対する指揮・命令をおこなっている派遣労働・労働者供給であるにもかかわらず、業務請負や業務委託のように装うこと。

引用：（※１１）についての説明は、『広辞苑（第七版）』（岩波書店　２０１８）より引用しました。

第二章　もめない「相続と事業承継」のやり方

書き換えられてしまった遺言書

争いというのは、兄弟間や親子間など身内であればあるほど、より苛烈《かれつ》により凶悪《きょうあく》になるものです。

私が顧問をしている東京のA社で、兄弟間の相続争いがありました。

A社は、兄の一郎(仮名)と弟の次郎(仮名)の二人で創業した会社です。事業を始める時に、それほどお金がなかったので、資産家のお父さんに株の六〇%分の資金を出してもらい、あとの四〇%を一郎と次郎がお互いに二〇%ずつ資金を出しあいました。

一郎と次郎は、性格がまったく違います。一郎は管理型で、会社の中でいろいろな仕組みやルールをつくったり、経理や総務の仕事が得意でした。それに対して次郎は外交型で、営業を担当していました。兄弟で協力しあい事業は順調に推移し、数年すると経営も安定しはじめました。

ある時アメリカの健康食品関係の会社から、社交的で多方面に知り合いがいる次郎に、「日本での総代理店をやらないか」という誘いがきました。しかし次郎にはお金がないため、この時もお父さんに株の八〇%の資金を出してもらい、残りの二〇%は、自分たちで共同経営しているA社から出し、この二つの資本関係で新たなB社をつくり、そこで総代理店としての営業を始めました。

B社には一郎も取締役として入っていますが、ほとんどの業務は次郎が仕切って事業をおこなっていました。扱っている商品は、日本にない珍しいものだったので、フランチャイズも順調に増え、業績がどんどん伸びていきました。さらに二人で共同経営していたA社も「上場しようか」という話が出るほどになりました。

そのような状況で、どういうことが起こったかというと、兄の一郎が次郎をA社からもB社からも追い出して、経営権を全部握ろうとしたのです。

後からわかったのですが、仲良くやっているように見えていて、実は一郎は次郎の人柄や経営手腕に嫉妬《しっと》していました。次郎にはそのような気はまったくなかったのですが、一郎は、「いつかは自分が追い出される」と疑心暗鬼《ぎしんあんき》になっており、それなら先に次郎を追い出してしまえ、となったのです。ことが発覚したのは、お父さんが亡くなり遺産相続がおこなわれる時でした。

お父さんは病気になった時、後々のことを考え、もっとも安全・確実だといわれている**公正証書遺言**《こうせいしょうしょゆいごん》（※12）を作成し、「**A社の株はすべて一郎に譲**《ゆず》**る。B社の株はすべて次郎に譲**《ゆず》**る**」と書いていました。まもなくお父さんが亡くなり、遺言書に基《もと》づいて一郎がA社の経営権、次郎がB社の経営権を握ることになるはずでした。

ところが、お父さんが亡くなった後、新しい日付の**自筆証書遺言**《じひつしょうしょゆいごん》（※13）が別に出てきたのです。そこには、次郎に譲《ゆず》る予定だったB社の株もすべて一郎に譲《ゆず》ると書かれていました。つまり次郎は、お父さんの遺産として、A社の株も、B社の株も、一切もらうことができません。

実際のところは、お父さんが亡くなった今となってはわかりません。

ただ、お父さんが病院に入院している時に、一郎の家族がお父さんの面倒を見ていました。次郎はそこで一郎が勝手なことをやっているとは思ってもいませんでした。一郎のことを信頼していて、お互いに「A社は兄貴で、B社は俺。これでお互いに安泰だよね」という話をしていたのです。

しかし、後から出てきた**自筆証書遺言**《じひつしょうしょゆいごん》の有効性を確認する「**検認**《けんにん》」（※14）という手続き

図表２　Ａ社とＢ社の株式の推移

	A社の株式	B社の株式
父の生前	父 60%　一郎 20%　次郎 20%	父 80%　A社 20%
公正証書遺言	一郎 80%　次郎 20%	次郎 80%　A社 20%
自筆証書遺言	一郎 80%　次郎 20%	一郎 80%　A社 20%

を家庭裁判所でとったところ、そこではじめて先ほどの内容が読み上げられ、次郎が「なんだこの内容は、そんなばかな！」となったのです。

兄弟だからこそ起こった悲劇

私が次郎から相談を受けたのはその後です。

「これ、無効になりませんか？」と遺言書のコピーを持ってこられました。しかし、自筆証書遺言《じひつしょうしょゆいごん》というのは、全文が本人の自筆であることや、日付や捺印《なついん》がなければならない、などの要件がありますが、この遺言書はすべての要件がそろっていたので、無効にすることはできませんでした。さらに、遺言書が複数あった場合は、一番新しいものが有効になります。

そうすると、次郎は共同経営のＡ社の株を

二〇％もっているだけになってしまいました。B社の株はまったくありません。そして、B社の株を一〇〇％握った一郎は、B社の経営ができるかどうかはわからないにしても、まず次郎を追い出そうとしている、ということがわかりました。

そこで私と次郎は、この段階から何ができるかを徹底的に考えました。

次郎の強みといえるものは、アメリカ本社とのパイプしかありません。次郎に話を聞くとアメリカ本社との関係は、次郎個人との人間関係にあるとのことです。ですからアメリカ本社は、B社と契約しているというより、次郎だから契約しているのです。そこで、アメリカ本社を動かして、「次郎を追い出したら、B社から総代理店の権利を剥奪《はくだつ》するぞ」と言ってもらい、一郎と交渉することにしました。

総代理店の権利を失ったら、ほかには何も扱っていないB社は終わりです。そこで一郎とB社株の譲渡交渉《じょうとこうしょう》をおこない全部買い取ることにしました。もちろんある程度のお金を支払いましたが、それでようやく次郎はB社の支配権をもつことができました。

この案件は、たまたまアメリカ本社が次郎に対して有利に動いてくれたので上手くいきました。しかし、そのような関係がなければ、恐らく次郎は追い出されていたでしょう。今ではこのB社は、上場企業として百数十億円の会社になりました。

兄弟でもこういうことが起こりうるのです。いや、兄弟だからこそ起こったのかもしれません。次郎のように人づきあいが上手で営業が得意な人は、その部分には一生懸命になりますが、それ以外はあまり気にしない人が多いのです。ですから株や支配権など気にしていなかったのです。管理や経営よりも人間関係を重視していました。信義に厚く、自分が裏切らないから、人も裏切らないと思っているような人でした。

一方、一郎は、そういう人ではありませんでした。もっと陰湿《いんしつ》で、だましてでもうまくやったほうが勝ちだという考えの人で、次郎の才能を利用したわけです。

今回はたまたま上手くいきましたが、通常なら起こってしまった後には、ほとんど何もできません。

したがって、起こらないように先手先手を打っておく必要があります。

今回の事例だと、お父さんが病院に入院した時、長男だからと一郎の家族がほとんど面倒を見ていましたが、実は一郎はお父さんを閉じ込めていたのです。もっと露骨《ろこつ》にやる人は、ほかの兄弟が来ても面会謝絶《めんかいしゃぜつ》にするぐらいのことをするでしょう。

お父さんを次郎から遮断《しゃだん》して、次郎の悪口を言い続け、お父さんに不信感を抱かせるのです。そして、自分たちにとって都合のよい情報だけを流します。すると、合法的な手続きで、自分たちに有利な遺言書に書き直させることも可能になります。

お父さんにとっては、自分の面倒を見てくれているのは一郎なので、一郎の言いなりになるしかないというのもあったのでしょう。すると、たとえ一度書いた遺言書であっても平気で書き換えることもあるのです。意外と思われるかもしれませんが、遺言書が書き換えられる場所で多いのは「**病室**」です。

そして、遺言書を書き換えたあと、病院に「面会謝絶《めんかいしゃぜつ》」と言わせ、お父さんをほかの兄弟には会わせないようにします。そうすると死んだ後でしか、書き換えられたことがわかりません。そして、遺言書がいったん公開されてしまうと、もう、覆《くつがえ》しようがありません。

ここで大事なことは「遺言書は、簡単に書き換えができる」ということです。

ですから万が一のことを常に考えて、きちんと自分の経営権が守られているのか、財産の分与《ぶんよ》が不正に曲げられていないかを注意しなければなりません。兄弟の仲が良い場合でも、今回のようなことが起きる可能性があります。

お兄さんの本当の性格を見抜かなければなりません。表は笑顔でも、裏で何をやっているのかはわからないものです。

お父さんは資産はもっていましたが、経営に疎《うと》く、株の比率や経営権などを気にしない人だったのでしょう。息子たちに頼まれたら「金は出してやる」と言うだけです。

ですから、お父さんが亡くなる前に、会社が軌道《きどう》に乗ってきた段階で株を安く譲《ゆず》ってもらっていれば、もっと楽でした。

生前に、A社の株は一郎に、B社は次郎に渡しておけば、遺言書の書き換えなど起こらなかったのです。

現在、兄弟に交流はありません。家族同士もまったく付き合いがなくなったようです。

「新しい土俵」をつくって不利な状況を覆《くつがえ》す

自宅の庭に祀《まつ》ってある「祠《ほこら》」の相続を巡って、長女の広美（仮名）と、弟で長男の勇太（仮名）とが争っていました。父の遺言で、会社のすべての株と祭祀《さいし》用財産は長男の勇太に、そのかわり現預金と実家（土地・建物等）は、両親と一緒に住んでいた広美が相続することになったのです。しかし、実家の庭に建っている「祠《ほこら》」が、祭祀承継《さいししょうけい》（※15）として長男の勇太が権利を有しているかどうかで、争いになりました。

その祠《ほこら》は、二〇〇年ほど前のもので、祠《ほこら》もご神体も非常に有名な職人がつくったと言い伝えられています。一族繁栄の象徴として永く祀《まつ》られているのですが、勇太は宗教には無頓着なため、その祠《ほこら》の美術的、工芸的価値にしか目が行かず、売り払ってしまおうとしていました。逆に広美は非常に信心深く、祠《ほこら》をそのままの形で引き受けたいと思っていました。

私は広美から依頼を受けて現物を見に行きましたが、これが本当に素晴らしい。第一級の工芸品で、文化財に指定されていたり、美術館にあってもおかしくない代物です。ですから私からすると、「父親の遺言の本意は、祠《ほこら》を解体して売り払ってもいい」ということは普通あり得ないだろうと思いました。

ただ、遺言書に「祭祀承継《さいししょうけい》は長男の勇太に」と書いてあるので、一般的にはその祠《ほこら》も祭祀《さいし》用財産となり、長男の勇太に承継されると考えられそうです。そこで、家庭裁判所の裁判官として相続問題を多く取り扱い、今はロースクールの教授になっている友人に話を聞きました。すると、「いや、裁判所の感覚だと、宗教の価値より、法律の権利重視だろうから、しっかりと対策を練ったほうがよい」と言われました。

こういう案件は初めてでした。調べてみても「祠《ほこら》の相続でもめた」という前例、判例がありません。敷地内にある祠《ほこら》など、ご神体をお祀《まつ》りし、日常礼拝の用に供しているものを正しくは「庭内神祠《ていないしんし》」といい、祠《ほこら》などの設備やご神体、また土地も一定要件を備えれば相続税が免除されるので、そのことでの相談は受けることがありますが、取り合いをしたというのは前例がありません。ですから、どうやれば勝てるのか、宗教に詳しい弁護士など専門家を集めて徹底的に対策を考えました。しかし、裁判官出身者は前に同じような経験があるのか、「祭祀《さいし》を承継した長男が祠《ほこら》を解体して売るのは、法律上問題ない」と言っています。ですが、それを認めてしまうと負けてしまいます。

依頼人の広美のために、負けるわけにはいきません。

なんとか祠《ほこら》をそのまま残したいというのが広美の意向ですし、遺言者の父親も信心深い人で、毎日祠《ほこら》にお参りしていた人ですから、祠《ほこら》を土地から分離させて売却されることは望んでいないでしょう。そうだとすれば、遺言者の意思を尊重して、遺言書を解釈することにしました。これは、「**意思解釈**《いしかいしゃく》（※16）」という枠組み（＝土俵）です。

つまり、遺言書というのは亡くなった方の意思を示すものです。その意思を解釈すると、遺言書には書いていなくても、祠《ほこら》をそのままの状態で祀《まつ》ってほしいと解釈することが自然です。広美は信心深く、毎日祠《ほこら》にお供えをしており、毎月のように神社に参拝しています。その反面、勇太は初詣や七五三などのお宮参りはもちろん、両親の葬儀や法事も嫌がるほどの、信仰がない人でした。

本来なら、信心深い父親にとっては庭の祠《ほこら》は土地と一体であり、その土地を承継する広美に継がせるつもりだったと思います。そうであるならば、そのことを明確に示して、遺言書に「庭の祠《ほこら》は広美に承継させる」ことを明らかにすべきでした。しかし、そこまで気が回らなかったのでしょう。そこで、意思解釈で事後的に新しい土俵をつくったのです。「**意思解釈**《いしかいしゃく》」をどう判断するかは、最終的には裁判官に委《ゆだ》ねますが、裁判官も様々な事情から広美に有利な判断をしてくれる気がします。裁判官の心を動かすのも、我々、弁護士の仕事です。

相続の案件は多種多様ですので、事案の解決に適切な判例がないことも多いのです。また、判例がしっかり当てはまるものがあったとしても、相手方に有利な判例だと、当てはめるとこちらが不利になってしまいます。その時は、今回のように戦いの土俵を新たにつくって、従来の判例から外して戦うようにします。

争いを未然に防ぐ「法律思考」の使い方

身近な例で、相続に関してはいろいろな問題が起きていますが、「契約自由《けいやくじゆう》の原則《げんそく》」をはじめとする法律の技術を使って、トラブルや争いの多くは未然に防ぐことができます。

民法改正で変わる問題ですが、改正前の民法だと、次のようなことが起こる可能性があります。

七〇代の老夫婦がいました。二人の間に子供はいません。旦那の宏(仮名)は、土地や建物をもっていてローンは払い終わっています。退職金もある程度あります。年金もある程度もらっています。こういう状況の中、遺言書を残さず、宏が亡くなってしまうと、相続問題が起きる可能性があります。

相続権が、奥さんの陽子(仮名)だけでなく、宏に兄弟がいた場合、法律的な意味ではその兄弟にもあるからです。もし宏の兄弟が、「いや、私たちはいらないから、みんな陽子さんがもらって」と言ってくれれば、陽子が全部相続できます。なんの問題もありません。

しかし、今はそうはいかないことのほうが多いのです。

たとえば三〇〇〇万円の土地と建物、将来のために貯めた一〇〇〇万円の預金、合計四〇〇〇万円の相続財産があったとします。

すると今の法律では、陽子が四分の三の三〇〇〇万円分を相続できます。しかし一〇〇〇万円は、宏の兄弟に渡さなければなりません。分割払いなど、いろいろと交渉の余地はありますが、現金で一〇〇〇万円を支払うのは非常に厳しいことです。一〇〇〇万円払ってしまうと家は残りますが、生活費がなくなってしまいます。そうすると、生活のために家を売るということにもなりかねないので、「何か方法はないか？」と、事前に考えておかなければなりません。

ここで「**法律思考**」が使えます。陽子に全部お金が行くようにするにはどうすればよいのか？　というのを法律で考えるわけです。

すると「遺言書を書いておけばいい」となります。遺言で、「陽子にすべて相続させる」

と書いておけば、宏の兄弟の相続権はなくなり、相続人を陽子だけにできるからです。

宏が健在な時に、「亡くなった後、陽子さんとご兄弟がトラブルになるかもしれません。それに備えて遺言書をお書きになったらどうですか。そうすると陽子さんに余計な苦労をかける心配がなくなりますよ」と先手の提案をします。もし、「いや、弟には世話になったし、なんとかしてやりたい」となったら、「それでしたら三〇〇万円ぐらい渡せば、喜ばれるんじゃないですか」というように話をつけておくのです。先に手を打っておけば、亡くなったあとに、もめることはありません。

「**契約自由の原則**」などの法律の考え方を使うと、トラブルが起こらないよう、先に手を打つことができます。このような状況はいくらでもあるのです。

普通は、なにか問題が起きてから弁護士のところに「助けてください」となります。しかし、今回のような相続の案件は、事前に想定できます。将来、問題になるようなことを事前に相談し、先手を打っておくのも弁護士の使い方の一つです。

もっとも、近々民法が改正されると、「配偶者が相続開始時に居住していた建物に住み続ける権利」が新しくつくられたり、「婚姻期間が二〇年以上の場合、配偶者が生前贈与や遺言で譲り受けた住居（土地・建物）は、原則として遺産分割の計算対象とみなさないようにする」ようになってくると思います。そうすると、また別の方法が出てくるでしょう。

「契約自由の原則」などの法律の使い方というのは、法律を経営に使うためのイロハの「イ」で、非常に重要な考え方ですので、ここで少し詳しく述べておきます。

万が一の時にリスクを最小限に抑えるためには、法律的な裏付けをいかに事前につくっておくかということが大事です。法律的な裏付けとは、違法とされないための先手必勝策です。法律的な裏付けがあれば、たとえ失敗したとしても致命的なダメージを受けないのです。それが、安全・安心の経営を実現するための切り札となる法律の使い方です。

他人との関係を規定した「民法」の非常に重要な概念として「**原則**」というのがあります。**権利能力平等の原則、所有権絶対の原則、私的自治の原則、過失責任の原則**などさまざまな「**原則**」がありますが、その中でも重要なのが**私的自治の原則**、つまり「**契約自由の原則**」です。

要は当事者同士が話し合って決めたのであれば、それで契約が成立する。そして原則として、その契約を国であれ、警察であれ、他人であれ、親子であれ、干渉することはできないというものです。

契約関係を結ぶ相手との「**契約内容に関する自由**」「**契約方式の自由**」の二つの自由が保障されています。ですから、契約という形で自社に有利な状態をいろいろつくったり、守ったりすることができます。

このような考え方は、どのようにしてできたのでしょうか。

中世の時代、人々は、王様に奴隷《どれい》のような扱いをされていて自由ではありませんでした。王様が「俺の言うことが法律だ」というのが当たり前でした。王様の機嫌一つで、重臣に引き上げられたと思ったら、急に処罰されたり、財産を没収されたり、奴隷にされたりの世の中でした。

そこで「そのようなことは許せない」と民衆が立ち上がり、民衆の代表である議会が制定した法律によってのみ規制される、それ以外の規制は受けないというようになっていきました。つまり、法律は、王様や重臣たち権力者に勝手なことをさせない、規律するためにできた革命思想が原点なのです。

ですから独立意識が強いアメリカ人は、特に自分の権利を守ることを考えているので、積極的にこの「**契約自由の原則**」を使います。依頼者の利益を最優先に考えるプロの弁護士がたくさんいるのも、その理由からです。

「契約自由の原則」は、相手と喧嘩をしていない、紛争になっていない、そのような良好な状態の時にもっとも力を発揮します。

相手と良好な関係であれば、いろいろな形の契約を簡単に結べます。その時に、後のことをしっかりと考えて、万が一トラブルになったとしても、それに対応する条項を最初から入れておけばいいのです。そうすると円満に解決できます。

しかし、日本でおこなう契約の多くは、**「第○条　本件契約に定めのない事項または疑義《ぎぎ》を生じた事項については、甲と乙が信義誠実《しんぎせいじつ》の原則に従い、協議の上、解決に努めるものとする」**のような文面で契約時に何も決めず、何か問題が起こった時に協議して決めるというものが多くみられます。

しかし実際、喧嘩《けんか》になった時には、両者が冷静に協議では決められません。この条項ではトラブルは解決できませんし、逆に問題がこじれてしまうきっかけでもあります。

専門でない案件を手がけた不幸

身近にいるからと、専門でない遺言の手続きをお願いされた税理士の佐藤先生（仮名）。対応にミスがあり、依頼者から訴えられ税賠《ぜいばい》（税理士賠償責任《ぜいりしばいしょうせきにん》）を問われてしまいました。

姉、妹、弟の三人兄弟がいて、姉はお母さんの家で一緒に生活をしていました。妹と弟は別の場所に住んでいました。お母さんが亡くなったあと、自筆証書遺言がみつかったので、姉が知り合いの税理士、佐藤先生を呼んで、「相続や申告の手続きがあるので、よろしくお願いします」と依頼しました。

自筆証書遺言は家庭裁判所に持っていき、相続人の前で遺言書の存在と内容を知らせる「検認《けんにん》」をしないと有効な遺言書にはならないので、佐藤先生は姉弟三人の相続権者を裁判所に招集し、裁判官が遺言書を読み上げました。

裁判官は、その場では何も言わなかったのですが、読み上げたあとで佐藤先生だけを部屋に呼びました。そして「この遺言書は無効です」と言いました。

何が問題だったのかというと、亡くなったお母さんが遺言書を訂正していたのです。訂正すること自体は問題ではありませんが、訂正の仕方が間違っていたので、無効になってしまったのです。

遺言書を訂正する場合は、「この部分を訂正しました。内容はこうです」と訂正し、そこに署名と捺印《なついん》が必要です。しかし判子《はんこ》を押していなかったのです。佐藤先生は、遺言書について少しは知識をもっていましたが、訂正のことまでは気がつきませんでした。

そこで佐藤先生は姉弟をもう一度集めて、「この遺言書は先ほど裁判所に指摘されて無効だと言われました。しかし、お母さんの意思はここに全部書いてあります。ですからこの遺言書の内容どおりにしたいと思いますが、よろしいですか？」と聞きました。すると三人とも同意したので、無効であることを理解したうえで、遺言書の内容どおりに、自宅の家と土地を姉に、現金を妹と弟で半分ずつ分配することになりました。もちろん佐藤先生は、後からトラブルにならないよう、証拠としてその場での会話をテープレコーダーに録音しておきました。

ところが、トラブルは起きてしまいました。確認のために遺言書のコピーを相続人全員に渡していたのですが、それを妹の旦那がめざとく見て、「知り合いの弁護士に見せたんだけど、この遺言書は無効だそうだ」と言い、さらに無効確認の訴訟を起こしてきました。

ただ、遺言書としては無効であっても、みんなが承認したのであれば、それに基づく遺産分割協議書（※17）をつくれば問題はなくなります。ところが、承認した肝心の部分が、テープに入っていなかったのです。話し合いの冒頭で言っているのですが、音が小さく、鮮明に録音できていませんでした。

そうなると裁判所は「これは無効な遺言書だ」と判断するので、法定相続に基づいて遺産を三分の一ずつ分割するしかありません。

すると今度は、自宅をもらうため他の二人より多めの分配になっていた姉が、「どうしてくれるんだ！」と、佐藤先生に対して損害賠償請求を起こしました。

長く付き合いがあったからということで、専門外の案件に手を出してしまった佐藤先生の不幸です。

この事件、本来なら、なんのことはないのです。

検認したその場で裁判官に「これは無効です」と言ってもらえばよかったのです。そうすればみんなで無効を前提として、「新たに遺産分割協議書をつくりましょう。内容はこれと同じでいいですよね」とその場で協議書をつくり署名捺印してしまえば、後からトラブルが起こることはありませんでした。

妻子が絡むと相続はもめる

相続のことは親子だけ、兄弟だけと、相続人だけで決めれば、比較的すんなりと決まります。ところが、先ほどの例のように配偶者や子どもが絡んでくると、一気にもめる可能性が高くなります。

配偶者や子どもは、家の事情や親兄弟の心情を考慮《こうりょ》せず、法律や権利一辺倒《けんりいっぺんとう》で判断することも少なくありません。

今からお話しするもう一つの事例も、相続人である兄弟姉妹だけが集まって決めたことが、後に配偶者が「おかしいじゃないか」と言ってきたのが発端《ほったん》でした。

遺言書がなかったので、兄弟だけで、会社の株式は会社を継いでいる長男の一郎（仮名）に、自宅の土地と建物は親と一緒に住んでいた姉の花子（仮名）に、そして現金と預金を次男の二郎（仮名）に分ける、と決めました。最初はそれでみんな納得していました。

ところが、一郎のもらう株式の価値と、花子のもらう家の価値が、二郎がもらえる現預金の一〇倍以上あるということを二郎の奥さんが知ってしまい、「不公平だ」と言い出したのです。

数日後、二郎が一郎と花子に「悪いけど、妻がうるさいんで撤回する」と言ってきたのです。すると、「一度、決まったことを覆《くつがえ》すとはなんだ」「妻の言うことを優先するのか」「兄弟で争うつもり?」と、兄弟仲に亀裂《きれつ》が入ってしまいました。

結局、本格的な喧嘩《けんか》になり、法律にのっとって分けることになったのですが、株は三等分されたので事業承継トラブルの種になりました。さらに花子がもらうはずだった生まれ育った土地と建物は売却せざるを得ませんでした。五年経った今でも、恨《うら》みが続いています。

決めたことが途中でひっくり返されるということは、普通にあり得ます。ですから相続など金や欲がからむ物事は、相続の開始後の場合であれば、兄弟間の話し合いで最初に「これでいいな?」と決めた場で、決着をつけなければなりません。

具体的には図表3のように遺産分割に関する書類を作成し、そこに相続人全員に署名、捺印《なついん》してもらいます。それで問題は起きません。極端な話、親指に朱肉をつけて押す拇印《ぼいん》でも構わないのです。

図表３　遺産分割協議書の例

遺産分割協議書

本　　籍：○○県○○市△△１－１－１
被相続人：山　田　太　郎　（２０１７年○月○日死亡）

被相続人山田太郎の死亡によって開始した遺産相続を、山田太郎の相続人全員で遺産分割協議を行った結果、下記のとおりに遺産を分配、取得することに合意したことを認める。

１．相続人山田一郎は次の遺産を取得する。
【株式】 山田商事株式会社　普通株式　６，０００株　（発行済株式の１００％）

２．相続人鈴木花子は次の遺産を取得する。
【土地】
所　在　：　○○市△△１丁目
地　番　：　１－１
地　目　：　宅　地
地　積　：　１３０．００㎡

【建物】
所　在　：　○○市△△１丁目
家屋番号：　１－１
種　類　：　木　造
構　造　：　瓦葺２階建て
床面積　：　1階　６０．１１㎡　　2階６０．００㎡

３．相続人山田二郎は次の遺産を取得する。
【現金】 金３，０００，０００円
【預貯金】Ａ銀行○○支店　普通預金　口座番号 00000000
Ｂ銀行○○支店　定期預金　口座番号 00000000

４．本協議書に記載のない遺産及び後日判明した遺産については、相続人山田一郎がこれを取得する。

以上のとおり、相続人全員による遺産分割協議が成立したので、本協議書を３通作成し、署名押印のうえ、各自１通ずつ所持する。

２０１７年△月△日

【相続人山田一郎の署名押印】
住　所
氏　名　　　　　　　　　　実印

【相続人鈴木花子の署名押印】
住　所
氏　名　　　　　　　　　　実印

【相続人山田二郎の署名押印】
住　所
氏　名　　　　　　　　　　実印

証拠があれば、ひっくり返されることはほとんどありません。口約束だけなので簡単にひっくり返されてしまうのです。

狙い通りに財産を分けるには

事前に手を打っておくことで、相続争いを起こさず、思い通りに財産を分けることができるようになります。

家族経営的な会社であれば、株は間違いなく社長か後継者に集中させなければなりません。分散しても良いことは何一つありません。それなのに子どもが三人いれば、「平等に」といって三分の一ずつ株をもたせる社長が少なからずいますが、こういう場合、株は後継者一人に集中させて、他の子どもには現金などを渡すようにしなければなりません。

とある会社の話です。後継者は三〇歳の長男、他にまだ二〇歳になっていない次男と妹がいました。

ある日、父親が、私たち弁護士が同席している場に子どもたちを集め、「この会社は、お兄さんが跡を継ぐからね」という話をしました。そのころはまだ次男も妹も素直で、「わかりました」と言いました。未成年だと後見人《こうけんにん》をつけなければなりませんが、それは母親でもよいので問題はありません。

もちろん、次男と妹にもある程度の財産は渡すのですが、「遺留分放棄の許可の申立書（図表4）」を作成し、遺留分《いりゅうぶん》（※18）を放棄させることによって、長男が跡継《あとつ》ぎとして、株を中心とした事業に必要なすべての財産を引き継ぐことができるようにしました。これを一〇年後、事業承継が視野に入ってきた時にやろうとすると、意外と大変です。

相続財産の一定割合を取得しうる権利である遺留分《いりゅうぶん》は、株や事業用の土地・建物などの事業に必要な財産をバラバラにしてしまう危険性があります。いくら遺言書で「株は後継者に一〇〇%渡す」と明記しても、遺産の状況によっては株も相続人に分けなければなりません。**遺言書の効力より、遺留分のほうが優先されます。**ですから相続人が多数いる場合には、相続が起こる前に、遺留分《いりゅうぶん》を放棄させておくことを考えなければなりません。

みんなが仲良く、うまくいっている時は問題ありませんが、結婚して子どもが生まれると、人が変わるという例は多々あります。また、兄弟の仲が良いという場合であっても、父親が亡くなった時に豹変することもあるのです。

図表４　遺留分放棄の許可の申立書（例）

受付印	家事審判申立書　事件名（　遺留分放棄の許可　）
収入印紙　円 予納郵便切手　円 予納収入印紙　円	（この欄に申立手数料として１件について800円分の収入印紙を貼ってください。） 印　紙 （貼った印紙に押印しないでください。） （注意）登記手数料としての収入印紙を納付する場合は、登記手数料としての収入印紙は貼らずにそのまま提出してください。

準口頭		関連事件番号　平成　　年（家　　）第　　　号

○　○　家庭裁判所 御　中 平成 ○ 年 ○ 月 ○ 日	申　立　人 （又は法定代理人など） の記名捺印	○　○　○　○　　印

添付書類	

申立人	本籍 （国籍）	（戸籍の添付が必要とされていない申立ての場合は、記入する必要はありません。） ○○　都道府㊮　○○市○○町○丁目○番地
	住所	〒 ○○○－○○○○　電話 ○○○（○○○）○○○○ ○○県○○市○○町○丁目○番地 （　　方）
	連絡先	〒　－　電話（　　） （　　方）
	フリガナ 氏名	○　○　○　○　大正 昭和 平成 ○ 年 ○ 月 ○ 日生（ ○○ 歳）
	職業	○○○
※ 被相続人	本籍 （国籍）	（戸籍の添付が必要とされていない申立ての場合は、記入する必要はありません。） ○○　都道府㊮　○○市○○町○丁目○番地
	住所	〒 ○○○ － ○○○○　電話（　　） ○○県○○市○○町○丁目○番地 （　　方）
	連絡先	〒　－　電話（　　） （　　方）
	フリガナ 氏名	○　○　△　△　大正 昭和 平成 ○ 年 ○ 月 ○ 日生（ ○○ 歳）
	職業	○○○

(注)　太枠の中だけ記入してください。
※の部分は、申立人、法定代理人、成年被後見人となるべき者、不在者、共同相続人、被相続人などの区別を記入してください。

裁判所ウェブサイト（http://www.courts.go.jp/）より引用

図表５　遺留分放棄の許可の申立書－目録（例）

申　立　て　の　趣　旨
被相続人○○○○の相続財産に対する遺留分を放棄することを許可する旨の審判を求めます。

申　立　て　の　理　由
1　申立人は、被相続人の長男です。
2　申立人は、以前、自宅を購入するに際し、被相続人から多額の資金援助をしてもらいました。
また、会社員として稼働しており、相当の収入があり、生活は安定しています。
3　このような事情から、申立人は、被相続人の遺産を相続する意思がなく、相続開始前において
遺留分を放棄したいと考えますので、申立ての趣旨のとおりの審判を求めます。

財　産　目　録

【土　地】

番号	所　在	地　番	地　目	地　積	備　考
1	○○市○○町○丁目	○　○	宅地	平方メートル １５０　００	建物１の敷地

財　産　目　録

【建　物】

番号	所　在	家屋番号	種　類	構　造	床面積	備　考
1	○○市○○町○丁目○番地	○番	居宅	木造瓦葺平屋建	平方メートル ９０　００	土地１上の建物

財　産　目　録

【現金、預・貯金、株式等】

番号	品　目	単　位	数　量（金　額）	備　考
1	預貯金		約２５７０万円	

裁判所ウェブサイト（http://www.courts.go.jp/）より引用

ですから、後継者がある程度決まっている場合は、兄弟が二〇歳くらいになった時に手続きしてしまえば、一番早く決着がつきます。二〇歳前後だと相続に関しての知識も有りませんし、結婚して配偶者がいる可能性も低いからです。

ただ、後継者を長男にするか次男にするか悩んでいるのでしたら、見極めてからでないと簡単にはできませんが、後継者はこの子だと決めているのであれば、他の子どもの遺留分《いりゅうぶん》の放棄を早め早めにやったほうが安全です。

後になってから、次男や妹が「遺留分《いりゅうぶん》の放棄を取り消してくれ！」と言っても、一度放棄したものは簡単には取り消すことはできません。

遺留分《いりゅうぶん》の放棄は必ず遺言書とセット

妻以外の家族全員に遺留分《いりゅうぶん》の放棄をさせた後に遺言書を作成すれば、遺言書どおりに遺産を分配することができます。なぜなら法律で定められた遺留分《いりゅうぶん》を放棄しているので、どのような割合になっていても、文句を言わせないという形になっているからです。

しかし、「最近、妻と上手くいっていない。公正証書の遺言書には妻に六〇％あげると書いたけど、二〇％ぐらいにしよう」と思って撤回しても、新しい遺言書に「妻に二〇％を相続させる」と書く前に死んでしまったとしたら、普通の法定相続になってしまいます。

つまり妻に五〇％、子どもたちは残りの五〇％を人数で分けるという分配になります。この場合、遺留分《いりゅうぶん》を放棄していたとしても分配の割合が変わるということはありません。遺言書があってこその遺留分の放棄です。

以前、妻に全遺産を相続させるため、子どもたちには全員、遺留分《いりゅうぶん》を放棄してもらい、「今病気だから、病気が治ったら鳥飼先生のところに遺言書を作成しに行くからね」と言ったまま亡くなった方がいました。

遺留分《いりゅうぶん》の放棄はさせましたが遺言書がありません。そこで「先生、どうやって分けたらよいでしょうか」と子どもたちが私の所に相談に来ました。

そのままだと法定相続になりますが、私は、「遺留分《いりゅうぶん》の放棄が有効ならば、遺産は全部お母さんのものですから、皆さんがよければ、そのままお母さんを中心にして分けるという形にするのがよいのではありませんか？」と提案しました。

すると、子どもたちはみんな母親を愛しているので、その提案に同意し、相続税も多額ではなかったので、なんのトラブルもなく遺産相続は無事に終わりました。

今は、子どもや孫に囲まれて幸せな老後を過ごしているそうです。相続案件を弁護士に相談して、ここまでハッピーエンドだった例も稀《まれ》かもしれません。

相続は、先ほどからお伝えしているように人間関係の問題です。親子兄弟の仲であったり、親戚との付き合いであったり、さらには内縁の妻がいたり、隠し子がいたり、人間関係がそのまま表れます。

ですから、「この人はどうなるのですか?」「この女性にはどうします?」「子どもへの配慮は大丈夫ですか?」と調整しながら、「では、こうやったらどうですか?」という細かな対応が求められます。

事実関係や人間関係などを頭に入れ、そこに法律を当てはめながら確認していきます。特に富裕層ほど、裏の事情や本音があります。そういうドロドロしたところも聞き、それをうまく汲《く》み取って、ある程度その部分を浄化《じょうか》する必要もあるのです。

同じ遺言書でも、価値のある遺言書と、価値のない遺言書があると、私は考えます。財産を分けるだけでしたら価値はありません。逆にトラブルを招くだけのものになるかもしれません。

そうではなく、遺言書によって人間関係も円満に解決できることが大切です。それが私が考えている価値のある遺言書なのです。

死は予見できないので先手を打っておく

また、こういうこともありました。

何度か税務のことでお手伝いをした、神奈川に住む資産家の伊達氏(仮名)が入院しました。ある時、伊達氏の奥さんから電話があり「主人が鳥飼先生に会いたがっているから来てください」と言われ、伊達氏が入院する病院に行きました。

私が病室に着くと、伊達氏は奥さんに、「部屋を出てくれ。鳥飼先生とだけちょっと話がしたい」と言ったのですが、奥さんはずっと伊達氏のそばを離れません。私も、何か私にだけ話したいことがあるのだろうと思って少し頑張りましたが、奥さんは頑《がん》として離れません。一時間半ぐらいたって、伊達氏は「今日はいいや」と言ってあきらめました。また私を呼ぶつもりだったのだと思います。

しかし結局、伊達氏はその翌日に亡くなってしまいました。

私は伊達氏の要望でご葬儀の司会役をつとめましたが、その時に何人かの人から話を聞いて、なぜ、伊達氏が病院で二人きりで話をしたかったのか真意がわかりました。

伊達氏には、昔からの恋人がいたのです。その恋人は伊達氏の葬儀に参列していました。それで、伊達氏が病院に私を呼んだ理由がわかりました。たぶん、恋人に何か伝言するか、何か渡したかったのでしょう。

最初からその話を聞いていたら、うまく取り繕《つくろ》って一対一で話ができるようにしたのですが、あとの祭りでした。また、伊達氏も、自分がそんなにすぐに死んでしまうとは思っていなかったのでしょう。もともと、検査入院だったのですから。


人間は死ぬ時にはいろいろとあります。

しかし死の直前では、伊達氏のように思い通りにいかないことのほうが多いのです。自分で思っているより、もっと前に亡くなってしまうことがあるからです。ですから思いが残らない・・・・・・・・・・・・・・・・・・・・・・・・・・ように、すべて先手先手で動いておくことで、自分も残された家族も幸せになれるのです。

養子縁組は相続トラブルの温床

それからもう一つ、養子縁組にからむ相続トラブルがあります。これも表には出てきませんが意外に多いのです。

埼玉のある町に一人で住んでいた地主の山崎さん（仮名）は、土地や建物、駐車場などを多数所有していました。山崎さんの家には、身内ではありませんが近所の久美子さん（仮名）が出入りし、親切に山崎さんの身の回りの世話をしていました。山崎さんが病気になり入院した時も、入院の手続きや必要なものの準備などもすべてやっていました。逆に山崎さんの親戚は、音信不通でぜんぜん見舞いにも来ません。

山崎さんの病状は思った以上に重く、もう退院はできなさそうでした。それを知った久美子さんは、自分の二〇歳になる息子を養子にしてほしいと、山崎さんに頼みました。久美子さんと息子さんは一所懸命に山崎さんを看病していたので、山崎さんも情が移ったのでしょう、養子縁組を認め、署名捺印した書類も残しました。養子縁組をした後も、久美子さんと息子さんは山崎さんの看病を続け、数カ月後、亡くなるのを看取《みと》りました。

亡くなった後、音信不通だった親戚が現れました。その中に相続権のある親戚がいました。山崎さんの兄弟の子どもです。しかし山崎さんには養子がいるので、彼らには一円も行きません。通常なら、これで終わりです。しかし、親戚の中から「養子縁組は無効だ」と異論が出ました。亡くなった山崎さんは土地をかなりもっていたので、まとまった金額の遺産になります。それを他人にもっていかれるのは、許せないとなったのでしょう。そこで親戚側から、「養子縁組をなんとか無効にしてくれませんか」という依頼が私にきました。病院の中でおこなった養子縁組が無効であるとすると、久美子さんの息子さんには相続権がなくなります。

養子縁組について書類や状況を調べたのですが、少なくとも、山崎さんの面倒は久美子さんと養子にした息子さんしか見ていない状況でした。そういうなかで法律にのっとり養子縁組の手続きをして、署名捺印した書類もあり、筆跡も山崎さん本人のもの、という状況でした。そうすると養子縁組を「無効」にするためには、親戚側が無効の理由を立証しなければなりません。しかし無効の証拠もなく、親戚もまったく出入りしていなかったわけですから、立証はほぼ不可能です。

ところが親戚側は欲を出して、なんとかしようと思っているわけですから引き下がりません。養子縁組を崩せないのなら、なにか他に手がないかと、別の弁護士にも相談をしているようです。もう泥沼《どろぬま》です。

養子縁組は結ばれてしまうと、それを無効にするのは難しいのです。特に病院などで相手を囲ってしまうと、囲った人以外に誰も接触できなくなるので、事実関係を確かめるのは不可能です。そのため、財産分与の優先順位や配分を変えるために、養子縁組をさせたりすることがあります。それが本人の字で判子も押してあるとすると、覆《くつがえ》すのはほぼ不可能です。

本人の意思に反していたり、意識朦朧《いしきもうろう》としている時はダメですが、それを立証する手立てはありません。つまり、完全に証拠が固まっているので、手も足も出せないのです。

相続問題は一度ですべて決着させる

最近、相談に乗った相続トラブルの案件です。

福岡でＦＣ店を数店舗を経営し、他に不動産や株券など多くの財産をもっている竹内氏（仮名）がいました。

竹内氏には、和子（姉・仮名）と信雄（弟・仮名）の二人の子どもがいましたが、信雄が会社を継ぎ、同居もしていたので信雄に全財産を与えようとしました。ところが、その財産贈与の話を、結婚して富裕な夫をもつ和子が聞きつけました。そして「お父さん、なぜ信雄だけにあげるの？　信雄にあげるなら私にも頂戴よ」と言ってきました。生活にはまったく困っていない和子だったので、想定外の申し出に驚きましたが、それで姉弟がもめても仕方がないので、いくらかのお金を渡してその時は決着させました。

この案件は、竹内氏の顧問税理士が全部処理しました。いろいろ計算をして「これぐらいの金額を渡せばいいのでは？」とアドバイスしたようです。しかし、必ずしも最適の解決策だったとは言いがたいところがあります。

実際、私が心配したように、顧問税理士がとった方法では後々トラブルになってしまいました。やはり和子の性格では、その金額では満足しなかったようです。顧問税理士が間に入って調整しましたが、和子側が強く権利を主張し、そのうち要求してくる金額が跳ね上がり手に負えなくなってしまいました。

その段階になって、ようやく私の事務所にＳＯＳを出してきたのです。

しかし、こじれてしまった段階からできることは限られています。

和子が納得したのは「相当額を払ったから」です。ある程度の収益物件を売って、信雄に継がせるつもりだった事業も一部を売って、それで現金をつくって和子に渡しました。話がこじれた段階では、もう解決方法はこれ以外ありませんでした。


私なら、このような案件は最初から別の対応をします。

和子の性格だと、竹内氏が亡くなって相続になったら、もっと厳しく文句を言ってくることが予想できます。ですから、「和子から何か言われる前に、先に手を打ちましょう」と竹内氏と信雄に提案します。

文句を言われるたびに財産をちょこちょこ渡すというのではなく、一度で後顧《こうこ》の憂《うれ》いを絶つようすべての決着をつけてしまうのです。

まず、信雄のほうに株など事業に必要なもの全部が行くようにします。そして、和子については、遺留分の放棄をさせた上で、ある程度まとまった額のお金を渡して一回で決着させます。その上で、遺言書をつくって終わりにします。

そうすると、こじれることはありません。最初から和子が多額の現金を要求するとわかっているので、先に手を打っておくのです。

たとえば説得はこのようにします。

「今、お父さんの会社は良い状態ですが、将来はどうなるかわかりません。バブル崩壊やリーマンショックのような金融危機は突然起こります。お父さんが亡くなり相続が発生するのはこれから一〇年後、二〇年後です。そのころは会社が倒産してなくなっているかもしれません。そうすると相続で財産はもらえません。逆に、借金をかかえてしまうこともあります」。

このような話をしたあとに、一億円の現金を提示して、いま目の前にある一億円と、将来どうなるかわからない数億円を天秤にかけます。

実際、今の株価だと和子の取り分は五億円程度になるので、和子は最初は「五億円よこせ」と言ってくるでしょう。しかし、一〇年後、二〇年後に竹内氏が亡くなった時に会社がどうなっているかはわかりません。

そのような話をしながら、「どうしますか？」と誘い水を向けます。「今すぐ五億円すべてを払えというのは、さすがに竹内氏も信雄さんも納得しないでしょう」と言えば、少しは積み増しは要求しますが、最終的には一億二〇〇〇万円ぐらいで納得してくれます。

目先の確定した一億円と、将来の不確定な五億円を天秤にかけて交渉すれば、多くの人は目先の確定された一億円に揺《ゆ》らぎます。そして現金を渡す時に**遺留分《いりゅうぶん》の放棄**をさせてしまえば、相続の時に文句を言ってくることはありません。このように先手を打っておくと、意外と簡単に、そして弾力的に交渉できるのです。

しかし、竹内氏が亡くなってからでは、今度は現実のお金の話になってしまうので、株の価値が五億円から四億円に下がっていても同じです。和子が「四億円もらえる権利がある」と言い出したら、絶対に一億円だと納得しません。一族のため、会社のためと、昔は家を大事にするという価値観がありましたが、今は取れるモノは取れ、もらえるモノはもらえ、という考え方の人が多くなりました。

「名義株《めいぎかぶ》」は相続の最大の障害

オーナー社長の場合、相続の時に気をつけなければならないのは「株」の扱いです。その中でも一番面倒でやっかいなのが「**名義株《めいぎかぶ》**」です。

名義株《めいぎかぶ》というのは株主名簿上の株主と、実際に所有している人とが一致していない株式のことで、他人名義を借りた株式のことです。一九九〇年の商法改正以前に株式会社を設立した会社は、「発起人は最低七名」必要だったので創業者メンバーだけでは足りず、親族や社員、友人などの名義を借りたケースがあり、それがそのまま放置されていることが多いのです。

また相続の際、社長名義の株だと相続税がかかるので、先に名義だけ家族に変えてしまい、相続税を逃れようとする場合などもあります。

大手システム会社Gシステムの創業者、前田氏（仮名）が亡くなり、税務調査が入りました。前田氏の妻・光子（仮名）がGシステムの株をたくさん所有していたので、税務調査官が法人税申告書の別表に書いてある所有者と株数を確認したところ、不審な点があり、「誰が本当の株主か」を調査しました。

調べてみると、最初は前田氏が一〇〇%の株主だったのですが、途中の段階では、前田氏が七〇%、光子が二〇%、息子の治《おさむ》（仮名）が一〇%の所有、最新の株主名簿では、前田氏が五五%、光子が三〇%、治が一〇数%所有していることになっていました。この光子と治《おさむ》の株が名義株《めいぎかぶ》だとすると、相続財産になるので相続税がかかってきます。

税務調査官が、光子にかまをかけてきました。

「あなたの三〇％の株式は、いつご主人から取得しましたか？　これは贈与ですか？　それとも譲渡ですか？」と聞くと、光子は、「いつかは忘れましたが、三〇％くらいは私が買いました」と答えました。すると税務調査官は「買ったのであれば、契約書があるはずですよね。出してください」と言うのです。

株の異動手続きをした税理士は実務に疎《うと》く、株主名簿の持ち分を書き換えれば、それで権利が移ると思っていたようです。本来なら契約書がないと、権利が移ったことの証明が難しくなります。無償であれば贈与ですし、無償でなければ、「いくらで渡しましたか？」となるのですが、契約書は残っていませんでした。

契約書や譲渡代金の支払いなどの証拠がなければ、税務調査では三〇％の株は光子に移っていないことにされます。そうするとこの三〇％の株の実態は、前田氏がもっているのに名前だけ光子になっている名義株《めいぎかぶ》です。そこで税務調査官は「この株はご主人のものでしょう？」「相続税の申告書はこの株の分を外しているから、申告書も間違いですよね？」と、かなり追及しました。

光子は、創業者の妻だけあって肝が据わっています。「私のものです！」と言い張りました。しかし税務調査官も引き下がりません。このままでは平行線です。そこで税務調査官は「〝あれは単に中告書の別表を書き換えただけで、夫から譲渡《じょうと》を受けておりません〟と書いて判子《はんこ》を押せば、とりあえず引き下がります」と言うのです。

もし税法を知っていれば、この件は署名する義務がないとわかりますが、光子はそのことを知りませんでした。税務調査官は判子《はんこ》を押さない限り、いつまでも居座《いすわ》るつもりのようです。そこで、光子は根気負けしてその書面に署名し判子《はんこ》を押しました。あとできちんと説明すればいいだろうと思っていたのです。しかし、署名して提出してしまったら、それが事実になってしまうのです。

その一連の調査の後、息子の治《おさむ》が、「おふくろがこんな書類に判子を押してしまったらしいです、先生どうしましょう」と私に電話をしてきました。

私が「本当に譲渡《じょうと》があったの？」と聞くと、治《おさむ》は「あったと思います。しかし、手続きはすべてオヤジがやったからオヤジしか知りません」と言いました。

そして「契約書を探しましたか？」と聞くと、「僕もおふくろもちゃんともらっているので、間違いなく契約書はどこかにあるはずです」と言うので、あらためて事務所に来てもらって、詳しく事情を聞きましたが、不明なことばかりです。

法律の場で大事なのは「**証拠**」であり「**実態**」があるかどうかです。

譲渡《じょうと》の場合、契約書があって、さらに銀行のお金が動いている記録が見つかれば、強力な証拠になります。しかし残念ながら契約書は見つからず、銀行の取引をさかのぼってもはっきりしませんでした。あるいは、無償でもらったのかもしれませんが、それも証拠は出てきません。

ただ、私たちは日々そのような問題を解決することを仕事にしているので、別の観点から証拠を探しました。

私は、株の配当に目を付けました。配当をしているのなら、配当金はどこに入っているのか、また、通帳は誰が管理しているのか、そのお金はどのように使っているのか、を調べました。

すると、配当は光子名義の通帳に入っており、そのお金は光子の裁量《さいりょう》で、自分や子どもや孫のために使っていることがわかりました。つまり、配当金は光子のものとして使われているのだから、株自体も前田氏の名義株《めいぎかぶ》ではないという一応の証明ができました。
治《おさむ》の一〇数%についても同じように「名義株《めいぎかぶ》ではないか」と疑いがかかったのですが、治《おさむ》は会社の経営に参画していて、株主総会にも出席しているので、それが証拠になりました。名義株《めいぎかぶ》問題は危ない状態でしたが、なんとか実態の証拠を積み重ねて事なきを得ました。

事例の会社では事なきを得ましたが、名義株《めいぎかぶ》が税務調査で見つかると、亡くなった人の相続財産に組み込まれてしまい、あらためて相続税を払わなければなりません。

逆に、名義株《めいぎかぶ》ではないとなると、その株は亡くなった方のものではないので、相続財産からは外れます。そうすると相続税はかかりませんが、今度はその株主名簿に書いてある人が株主ということになります。

円満なら何も問題はありません。しかし、その株主名簿に書いてある元役員や元従業員、親族、知人が、株主としての権利や、買い取りを主張してくることもあります。それは、余分な出費や、事業承継、M&Aなどに影響する会社経営上のリスクの一つなのです。

名義株《めいぎかぶ》対策は経営権の安全確保

もし、名義株《めいぎかぶ》がすでにあるという会社は、相続のためだけではなく、経営権の安全を確保するためにも、早急に対策をしておかければなりません。

つまり、名義株《めいぎかぶ》を相続するのではなく、実株で相続できるようにするのです。

そのためにはまず、散らばっている株を集めなければなりません。次に名義株《めいぎかぶ》ではないという証拠を念書などでとります。そのようにして株の実態をつくります。

本来なら、問題が起こる前に名義株《めいぎかぶ》対策だけを集中しておこなうのが、一番スムーズにことが進みます。しかし多くの場合、M&Aや相続など問題が起きた時に、あわせて名義株《めいぎかぶ》を整理しようとします。そうすると、問題解決に早急になるあまり、名義株対策の選択肢が狭くなってしまいます。それで弱みにつけこまれ、思わぬ所から邪魔をされたりします。

たとえばM&Aでは、相手方が株主名簿を見て、「本当にこの人たちが株式をもっているんでしょうね?」と確認してきます。名義株だった場合、どこから横やりが入るかわからないので、M&Aは失敗する可能性があります。M&Aのチャンスはいつ起こるかわからないので、経営権争いなどの問題が将来起こらないように先手を打っておくのです。特に事業承継の時は、承継自体すごく神経を使う問題なので、それ以外のことはできるだけ支障が出ないようにしておかなければなりません。

何もない時でしたら、みんな大人しく言うことを聞いてくれます。場合によってはお金を払うかもしれませんが、わずかなお金で済ませることができるのです。

創業者の特徴として、目先の税金対策しか考えていないことが多いので、事業承継時のことはほとんど考慮していません。そのため、いろいろな人に株を分散している場合があります。

分散しているということは、単なる名義株《めいぎかぶ》の可能性もあるということです。こういうことを全部調べ直してから、事業承継をおこなわなければなりません。事業承継が始まってからではトラブルになるかもしれません。事前にできることはいくらでもあるのです。

遺言は故人からの本音のメッセージ

遺言というのは、亡くなった方が、配偶者や息子・娘など、残された人たちに託したメッセージです。

自分が死んだ後、家族にこうなってほしいという願いがこもっているのです。ですから遺言の本質は財産ではないのです。もちろん、財産もありますが、それ以外のところが本当は重要なのです。

法律的に有効な遺言書には厳格なルールがあります。でも、残された配偶者、子どもたちなどへの本音のメッセージとしての遺言は、自由です。DVDでもCDでも意味があります。「おまえには、こういう良いところがあるね」「ここをもっと伸ばしたらどうだ？」などの言葉をそえて、妻や子どもたちにメッセージを残して、社長としての最後の「思い」を伝えるのです。そして、メッセージの最後のところで、財産を引き渡すほうが自然だと私は思います。すると子どもたちは、父親が死の間際にそこまで言うのだったらと発奮《はっぷん》して、やり遂げる気になります。

このような思いが伝わる遺言は、財産以上の価値があります。本音で子どもを褒《ほ》めて、本当に望んでいることを伝えるのです。それを子どもが素直に受け止めたら、とても大きな心の支えになります。

法律は、主として財産をどうやって分けるかだけのものです。一番大事な、人の心や人間関係には介入できないのです。単に財産を分けるだけの遺言書では、人の心は動きません、揺さぶりません。財産だけを分けるようなものでは、いずれトラブルを起こすことになるかもしれません。遺言書を作成する時は、法律から入るのではなく、法律を尊重しつつ、メッセージを中心にするのが一番よいと私は考えているのです。

第二章のまとめ

1. 親子、兄弟、身内だからと安心せず、経営権や財産の分与など本当に大事なものは常にチェックする。

2. 「契約自由の原則」などの法律の考え方を使えば、身の回りに起こるトラブルのほとんどは円満に解決する。

3. 財産を思い通りに分けたいのなら、事前に「遺留分の放棄」＋「遺言書」を整備しておく。

4. 愛人、隠し子、養子縁組…死ぬ寸前だと思い通りにいかないことが多い。先手で動くことで自分も残された家族も幸せになる。

5. 相続、事業承継の最大の障害になるのは「名義株」。その危険性と、すぐにやるべき正しい対処の仕方を知る。

6. 遺言とは、財産を分けるだけのものではない。自分が死んだ後、家族にこうなってほしいという「思い」に財産をつけていくのがよい。

（※12）公正証書遺言＝普通方式遺言のひとつ。二人以上の証人の立ち会いの下、遺言者が遺言の内容を公証人に口頭で伝え、公証人がそれを筆記して、遺言者、証人、公証人のそれぞれが署名押印して作成される。作成された書面の原本は、公証役場に保管される。公証人が関与することで、法律的に誤った遺言がされることを防止できる。また、改ざんや紛失のおそれも少ない。また、家庭裁判所による検認も不要である。

（※13）自筆証書遺言＝普通方式による遺言のひとつ。遺言者が、その全文、日付および氏名を自署し、押印することで成立する。遺言の方式としてはもっともポピュラーなもの。この方式でなされた遺言書が、相続の開始後有効となるためには、保管者または相続人が遺言書を家庭裁判所に提出してその検認を受けなければならない。

（※14）検認＝家庭裁判所が、公正証書による遺言以外の遺言に関して、どのような内容の遺言書が実際に存在するのかを確認する手続き。民法は、遺言書の保管者または発見者は、相続の開始を知った後、遅滞なくこれを家庭裁判所に提出して、その検認を請求しなければならないと規定している。この請求を受けた家庭裁判所は、遺言の存在とその内容を相続人に知らせるとともに、遺言書の内容を確認して、その後の変造、偽装を防止することができる。

（※15）祭祀承継＝系譜、祭具及び墳墓等の祖先の祭祀のために使用される財産継承のこと（民法八九七条）。
「系譜」とは、歴代の家長を中心に祖先伝来の家系を表示するもの。
「祭具」とは、仏壇・神棚・位牌・霊位・十字架など。
「墳墓」とは、墓石・墓碑などの墓標や土葬の場合の埋棺など。

民法により、通常の財産権とは切り離されて、慣習に従って祖先の祭祀を主宰する者が承継すると規定されている。

（※１６）意思解釈＝意思表示をした人がどのような法律効果を望んだかを法律的に確定する行為。

（※１７）遺産分割協議書＝遺言書がない場合、相続人が自分たちで遺産の分配を決め、その内容を書面に取りまとめ、相続人全員の合意書として成立させる書類のこと。

（※１８）遺留分＝遺産について、一定の相続人に対して相続が確保された割合のこと。遺産は原則として被相続人が遺言によって自由に処分できるが、相続人の生活保障、相続人の平等の観点から、遺留分として、被相続人の処分に制限が加えられている。遺留分を有する者（遺留分権者）は、配偶者、子、直系尊属であり、被相続人の兄弟姉妹には遺留分はない。具体的には、遺留分権者が直系尊属のみの場合は法定相続分の三分の一、それ以外の場合は法定相続分の二分の一が遺留分となる。

引用：（※１２）（※１３）（※１４）（※１５）（※１８）についての説明は、『デイリー法学用語辞典』（三省堂編修所編　２０１５）より引用しました。

第三章　戦わずに勝つ、中小企業の税務戦略

国は富裕層の財産を狙っている

ここ数年、国税当局はいかにして企業や社長、医者などの富裕層から税金を取るかを徹底して考えています。少子高齢化のもとで医療・介護など巨額な歳出が必要な上に、消費が思ったほど増えないため、お金のあるところから税収を確保しようとしているのです。

その一つに、富裕層が海外に隠している財産を発見しようとする動きがあります。たとえば、租税条約（※19）によってアメリカをはじめとした多数の国や地域と金融情報がつながりだし、その情報を得る仕組みが動き始めました。その結果、海外の隠し財産が、税務当局に把握されるようになりつつあります。

儲かっている企業や富裕層は、財産をしっかり管理して適正に先手を打つ必要があります。対策を怠《おこた》っていると税務リスクに襲《おそ》われ、多額の税金を払わされたり、マスコミに取り上げられたり、刑事事件になったりと、後から悔《く》やむことになります。

従来であれば、海外で収入を得た場合に税金を払いたくない人は、日本にもち込まずそのまま置いておけば、それで隠すことができていました。それが現在では、国税当局に筒抜けになりつつあり、脱税などの刑事事件としての疑いもかけられるので、極めてリスクの高い危険な行為になっています。
たとえば以前は、「海外にもっている預金は二億円です」という「**国外財産調書**」を国税当局に提出すればそれで済んでいたのが、今は、外国の金融機関からの情報で「実際は五億円の預金がある」ことがバレてしまいます。当然、国税当局の担当官は、「調書との差額の三億円は何だ？」と疑います。

差額がある以上、何らかの方法で所得が発生しているはずです。海外で働いて得たものなのか、海外で株や土地などの取引をしたのか、親などから相続や贈与を受けたのか、あるいは、日本からもち出したものなのか。いずれにしても日本国籍で日本に生活の本拠があるほとんどの日本人は、たとえ海外で稼いだとしても、もらったとしても、日本で税金の申告が必要です。

すると、「**お尋《たず》ね**」という文書で、働いて得たのなら所得税、もらったものなら贈与税などの修正申告をすすめてくるか、金額が大きく、しかも脱税が疑わしいとなれば、「**税務調査**」でどのようにして三億円をつくったかを徹底的に調べにかかります。隠し続けることはほぼ不可能です。

日本国内でもマイナンバーが浸透《しんとう》すれば、今までバラバラだった現金や株や不動産などの財産状況がすべて連結して、一元的に国税当局が把握《はあく》できるようになります。さらに、二〇一六年一月より、所得金額が二〇〇〇万円を超えていて、三億円以上の国内財産をもっている富裕層は、「**国内財産債務調書**」を税務署長に提出しなければならなくなりました。今まで通用した財産隠しの手法がどんどん使えなくなってきています。

この流れは日本だけではありません。ヨーロッパやアメリカのほうがもっと進んでいます。世界的な流れで、国税当局が隠し財産を暴《あば》く時代になってきたのです。

税務対策は正々堂々とおこなう

たとえば世界に衝撃を与えた「パナマ文書」のように、隠していた所得や財産が見つかるとそのことが露見し、その情報が大げさな形で社会に拡散し、その結果、信用失墜《しんようしっつい》や刑事事件化し、さまざまな社会的ペナルティを受けます。

今後、もっと技術が進めばいろいろな情報をＡＩ（artificial intelligence＝人工知能）が収集し、「申告に矛盾あり」「所得を隠している可能性（大）」のような判断を自動でしたり、街中に設置されたカメラなどで個人の行動が追跡されるようになってくるかもしれません。

ですから、これからの自分の身を守るための税務対策は、「上手に隠す」ことを考えるのではなく、「正々堂々とおこなう」ことが正解になります。

国税当局に指摘されそうな部分を、先に自分に有利な証拠をそろえ、誰がみても、「適法」と思える自然な流れをつくり、どこからつっ込まれても平気なようにしておくのです。

過度といえるほど監視網が発達してくる今後の情報化社会を考えると、経営者や富裕層、有名人が、財産の安全・安心を確保するには、情報や知識、ノウハウをもつ参謀的な本物の専門家を活用する必要が出てきます。水や空気にお金がかかる時代です。まして財産の安心・安全には、それなりの費用がかかります。

税金問題も戦わずして勝つが上策

税金問題も、国税当局と争いになってから対応するのでは手遅れです。先手を打ち、いかにして争いを避け、「戦わない」ようにするかが、これからの税務戦略の常識です。

通常、国税当局との争いは税務調査の時に起こります。その時、身近にいる税理士に相談することが多いと思いますが、上手に対応できず逆に状況が悪化してしまい、私たち税務専門の弁護士に助けを求めてくることがあります。

中堅部品メーカーW社では、三年に一度は税務調査が入っていました。W社では税務調査があると財務部門の吉岡課長(仮名)が担当し、顧問税理士がアドバイスするという状況でした。W社の方針として、調査を穏便《おんびん》に済ませるために、調査官の要求をなるべく受け入れていました。そのため、調査官の過大な要求を受け入れる必要に迫られる吉岡課長は精神的に追い込まれることも多く、税務調査前後にはげっそりとやせ細り、一度は胃潰瘍になって入院したこともあります。

そのW社の税務調査を、数年前から当事務所が担当するようになりました。ここでは結果だけ申しあげます。吉岡課長は、我々の指導で税務調査対応が楽になり、胃潰瘍になるようなプレッシャーや不安から解放されました。「税務調査が、こんなに楽なものとは思いませんでした」と笑顔でおっしゃるほどです。

実は、これが本来の税務調査のあり方です。我々は、国税当局の調査官と戦うための方法を指導したのではありません。調査官と戦わないために、税務調査に適切に協力する方法を指導しました。税務調査に詳しくない税理士とは、アプローチがまったく違います。

税理士は、税法や税務調査に関する正しい知識を習得する機会が少ないため、税務調査の件で相談を受けても調査官の言いなりになってしまうか、逆にケンカ腰で対応してしまい、最悪、依頼者である社長に不利益な状況をつくってしまいます。

それがこのように、税務調査にある程度詳しい弁護士が入るだけでも、調査の様相《ようそう》が激変します。（税務調査の正しい対応の仕方については、第四章で述べます）

武富士事件から学ぶ戦いのリスク

税務戦略で「戦わずして勝つとは何か」がよく理解でき、非常に参考になる例が、消費者金融の武富士の事件です。

創業者の武井保雄《たけいやすお》（元）会長夫妻が、長男に武富士の株を贈与税をできるだけ抑えて譲《ゆず》るために、税務の専門家に税務戦略（タックス・プランニング）（※20）をつくらせ、実行しました。

もし「戦わずして勝つ」税務戦略が成功していれば、多額の贈与税を免《まぬが》れることができたはずです。ところが国税当局が「これは租税回避《そぜいかいひ》だ。贈与税を申告しないのは許さない」

と、贈与税の申告漏れとしては過去最高の約一三〇〇億円、追徴税額、延滞税を加えると約一六〇〇億円の更正処分をおこないました。

長男は、この国税当局の更正処分を不服として争い、最高裁まで行ってようやく勝つことができました。しかし、これでは成功したとはいえません。税務戦略は、「戦わずして勝つ」べきものであって、最高裁まで行ってやっとの思いで勝ったのでは、時間もお金も莫大にかかってしまい、失うものも多かったからです。そこで、「戦わずして勝つ」税務戦略を理解していただくために、事件の概要《がいよう》をお伝えします。

武富士の株価は、まだ過払い金の返還請求（※２１）が始まっていない時期だったので、非常に業績も良く高額でした。そのため長男への株の贈与には、一〇〇〇億円を遥《はる》かに超える贈与税がかかります。そこで当時、**「非居住者に対する贈与スキーム」**と呼ばれていた方法を使おうと考えました。

このスキームを使うには、次の二つのことに対して、実態とそれを裏付ける証拠が必要になります。

（A）**贈与を受ける者が日本に居住していないこと**（非居住者）

（B）**贈与される財産が国外にあること**（国外財産）

武富士にこの条件をあてはめた場合、次の二つのことを立案し実行する必要がありました。

一つは、贈与を受ける長男は日本に居住していたので、（A）の条件を満たすために、長男を日本に居住していない「非居住者」にする必要があり、香港に長期間滞在させることにしました。

その折に武富士が、「非居住者」の基準としたものは、国税当局が出した通達（※22）で、「日本に住所がなく、かつ、一年以上継続して日本に住んでいないこと」さらに「国外での滞在日数の割合が三分の二以上」というものでした。それをもとに戦略を立案し、実行しました。間違いがないよう秘書をつけて必要日数のカウントまでしました。

もう一つは、武富士の株は日本国内にあったので、（B）の条件を満たすため、国外財産にしなければなりません。そのためにまず、フランスに会社をつくって、その会社に武富士の株を移しました。さらにオランダにも会社をつくり、フランスの会社から株を再び移しました。このオランダの会社が武富士の株を間接保有することによって、武富士の株は国外財産になりました。

このように（A）と（B）の条件を満たしたうえで、武富士の株を長男に贈与すれば、長男は贈与税を払わずに、武富士を支配できるだけの株を受け取ることができます。

しかし、このような通達重視の税務戦略は、「戦わずして勝つ」戦略として弱点があります。双方が争っているうちに、通達ではなく、法律の問題になることも多いからです。なぜなら通達とは、税務実務では判断の指針として重要視されますが、法律ではなく、国の機関の中でやりとりされた解釈の一つにすぎません。そのため、国側は通達を活用するかどうかは事案ごとに決めるので、非常に不安定な指針です。わかりやすくいえば、

・通達が国側に都合がいい場合には、通達を使ってきます

・通達が国側に都合が悪い場合には、通達を使わず別の解釈をもち出してきます

国の機関には、このような傾向があることを知っておく必要があります。

実際、武富士事件が税務訴訟に移行し争いになった理由は、香港に住んでいたかどうかの

判断基準が、通達の「国外での滞在日数の割合が三分の二以上」ではなく、民法上の「住所」に関する法律を使ったからでした。

民法で「住所」とは、「生活の本拠」とされています。生活の本拠とは、その人の生活にもっとも関係の深い中心地のことです。それを判断する場合に重要な要素は何かが問題になります。この点について、武富士事件では、控訴審と最高裁の判断が分かれました。判断が分かれた主要な観点は次の二点です。

一つは、そこに住む意思を重視すべきかどうか

要は、租税回避の意思がある場合、それを考慮するかどうかです。

もう一つは、滞在日数の多いか少ないかを重視するかどうか

要は、滞在日数中心だと租税回避に利用されるので、それを考慮するかどうかです。

ここで重要な点は、裁判官によって見解が違う点です。

「戦わずして勝つ」ためには、どのような裁判官でも、自分たちが立てた税務戦略を受け入れてくれるように組み立てる必要があります。さらに、本来なら訴訟にならないように、税務調査の段階で、どのような調査官でも納得するように工夫をすることが重要です。

武富士事件は、税務調査で申告漏れとして多額の税額を追徴《ついちょう》され、審査請求《しんさせいきゅう》で負けました。そして、税務訴訟になってから地裁で勝ち、高裁では負け、最終的に最高裁でかろうじて勝ち、いったん国に払った一六〇〇億円以上の現金がようやく戻ってきました。

しかし、完全勝利といえるものではありません。時間も費用も多く無駄にし、さらに最高裁の裁判官からは、「一般的な法感情から結論を出せば、武富士側の負けでもおかしくない」という趣旨の指摘もつけくわえられました。

法律の不備で、このような租税回避を否定する規定がないので、租税法律主義（※23）という税法の基本原則から、やむを得ず武富士側を勝たせたのです。まさに武富士の勝利は、薄氷を踏むものでした。

誰がみても適法といえる税務戦略

税務戦略を立てる時に重要なのは、誰がみても「適法」と思える自然な流れ、つまり、ストーリー性が重要です。もし私が武富士から「税務戦略を立ててくれ」と依頼を受けていたら、どのような提案をするかを次に紹介します。

まず、社長から話を伺いながら、経営戦略による自然な流れでストーリーを提案し、先手を打って経営戦略に沿《そ》う実態と証拠を固めます。長男を「日本の非居住者」として香港に滞在させるのなら、香港に滞在する必然性が重要です。「なぜ、香港に住むか」です。そこで、以下のようなストーリーをつくります。

長男は後継者なので、経営者としていろいろな経験を積ませる必要がある。海外経験もその一つ。武富士のアジア戦略の執行を任せることにした。そのため香港を拠点とすべく資本の大幅な増強を図り、同時に、実績のある幹部も赴任させ、長男を香港の子会社の社長にする。赴任期間は、最低五年、最長一〇年とする。しかも、香港で重要な責任を負っているので、日本に帰国する回数はそれほど多くなることはない。

これによって、香港が業務の中心になり、香港に住む必要性が出てきます。

このようにすれば、経営戦略の一環として後継者を香港に行かせるのは自然であり、租税回避と結びつけるのは困難です。しかも、長男の香港での滞在期間が最低五年、最長一〇年なら、誰もが、租税回避とは言い難《がた》くなります。

この長男は未婚だったので、可能なら結婚をして、香港で奥さんと家庭生活をすれば、香港が全生活の中心となります。さらに子どもができて、一緒に香港で生活をすればなおさらです。家庭生活も仕事も香港が中心なら、香港が「生活の本拠」であることに、誰も疑うことはありません。

贈与税対策をして、一六〇〇億円を支払わずに済ませたとなると、国税当局は「なんとしてでも、これに課税してやる」と力を入れてくるのは想定の範囲内です。

ところが香港に奥さんがいて、子どもがいて、大きな規模の会社があるような状況であれば、まったく否認のしようがありません。

そこまで考えて状況を整えるのが本来の税務戦略です。経営に口出しをせずに、本来の税務戦略は立案できません。依頼者のリスクをなくすには、遠慮は禁物です。訴訟で戦って勝つのではなく、訴訟になる前に争いになりそうな部分を自分たちに有利なストーリーと証拠で固めておきます。結局、税務戦略の核心は、経営戦略そのものだということです。「下手な策は弄しない」が戦略の基本思想です。つまり、正々堂々こそが、本来の税務戦略なのです。

これが全章にわたってお伝えしている「**先手必勝策**」であり「**契約自由の原則**」などの法律の考え方の生きた活用法です。会社をつくるのも資産を海外に移すのも自由です。結婚して香港に住むのも自由です。全部自由の中で、贈与税を払わないという自由を獲得できるのです。

租税回避と税制改正のイタチごっこ

武富士が、国外財産を国外に住む子どもに贈与する租税回避策を実施したのが一九九九年。その手法は、二〇〇〇年四月一日施行の改正法で、塞《ふさ》がれることになっていました。つまり、武富士は「非居住者に対する贈与スキーム」で、租税回避をする意図が見え見えでした。

さらに武富士事件のほかにも、いくつかの租税回避事件の影響で、二〇一三年四月一日以後の贈与については、贈与をする者が国内に住所を有している場合には、国内財産・国外財産の区別なく、課税されることになりました。つまり、租税回避とそれを防ぐ税制改正とのイタチごっこのようなことが起こっています。

今後は、租税回避をするのは格段に困難になります。近い将来、さらに税制が改正され、租税回避が疑われるような事案は事前に国税当局に届けることを義務付けられる可能性が高くなるからです。つまり、租税回避策を実行する前に、国税当局に事前チェックされることになります。その事前チェックを避けようとすると、刑罰法規が適用される可能性もあります。この国税当局による事前チェックが制度化されると、法の網《あみ》をすり抜けるような租税回避スキームは、ほとんど通用しなくなるでしょう。

税制を活用し会社の構造改革を図る

税制は、基本的には課税するためのものですが、中には企業の活動を後押しする趣旨で設けられているものもあります。それらを上手く活用して、企業の発展に活かしていくことがとても大切です。

X社は、A事業とB事業を営んでいる会社で、A事業部門の業績は不振で赤字を出し続けていました。しかし、B事業部門の業績が好調で、A事業部門の赤字をカバーし、会社全体としては順調に毎期利益を計上しています。そのため、A事業部門の従業員には危機感がありません。他方、B事業部門の従業員は頑張っても報われないとの思いからやる気を失いかけていました。

X社の雰囲気は非常に悪く、このままでは衰退していくのが目に見えていたので、太田社長(仮名)は、この現状をなんとかしたいと相談に来られました。

鳥飼「社長は、現状をどのように変えたいと思っているのですか?」

太田社長「A事業部門とB事業部門の業績を明確化し、成果に応じた処遇にしたい。さらにA事業部門の従業員の意識改革を図りたいと思います」

鳥飼「A事業部門とB事業部門をそれぞれ別々の会社に分けたほうがよいのではないでしょうか。X社とY社というように」

太田社長「それは考えました。ただ、事業を移すためには、多額の資金や税金が必要になるので諦めています」

鳥飼「税制の中に『**組織再編税制**』(※24)というものがあります。その制度を上手く活用すれば、資金を使わずに事業及びそれに関する資産の移転がおこなえ、税金もかかりません。組織再編税制は、大企業だけではなく、中小企業もどんどん活用すべきものです」

太田社長「もともと同じ会社であったものを二つに分けた時に、一方が親会社、もう一方が子会社という位置づけになると、子会社になる従業員の士気が下がるのではないかと心配です。また、親会社となったほうの従業員が勘違いしても困ります」

鳥飼「それであれば、兄弟会社となるようにすればよいのでは？」

太田社長「兄弟会社の場合、新しい会社の株主は、誰になるのですか？　その新しい株を取得する株主は課税されるのですか？」

鳥飼「今の御社の株主が、新しい会社の株主にもなります。しかも、株主構成や支配関係が変わらなければ、新しい会社の株を取得しても課税されません」

太田社長「従業員の立場からすると、本当に別々の会社になってしまったという感じがして、抵抗する者が出てくるのではないかと心配です」

鳥飼「それであれば、ホールディングス（持ち株会社体制）を検討してみてください。現在の株主はホールディングス一社の株をもてばよいことになります。また、ホールディングスを親会社として、その下に兄弟会社が並ぶというかたちであれば、従業員の抵抗感は少なくなると思います」

太田社長「ホールディングスというのは、私どものような中小企業にも当てはまるものなのでしょうか？　また、ホールディングスは、事業として何をすればよいのでしょうか？　収益はどうやって得るのですか」

鳥飼　「ホールディングスにすることについて、大中小の規模は関係ありません。役割は、グループ企業を統括し、グループの経営管理、経営戦略の策定等をおこなうことで、主な収益は子会社からの配当です。その配当には税金がかかりませんから、ホールディングスは子会社から集めた資金を使って、グループ内の適正な資源配分、新規事業の立ち上げやM&A等をおこなっていけばよいのです」

太田社長「子会社から受け取る配当には税金がかからないのですか？」

鳥飼　「法人株主（今回の話でいえばホールディングスです）が、子会社から受け取る配当には税金がかかりません」

太田社長「そうしますと、会社の経営戦略上ホールディングスに資金を集めておいて、その資金を機動的に自由に使えるようにすることができるのですね」

鳥飼　「そうです。子会社に資金が不足した時には、貸し付けてもいいですし、そのままあげてもいいです。ホールディングスとその子会社二社を含めたグループ三社には、**『グループ法人税制』**が適用されますので、グループ内での資金の贈与や、資産の売買には課税関係が発生しません。グループ内での機動的で効率的な資源配分を可能にするために設けられている制度ですので、これにより経営環境の変化に迅速に対応できるようになります」

太田社長「これまで、一つの会社でなんとかしなければならないと悩んでいました。そのため、既存の事業や既成概念にとらわれて、新しい発想が出てこなくて、限界を感じていました。しかし、これからまた新たな夢がもてそうです」

Ｘ社の太田社長は、「**組織再編税制**」を活用して、会社のあるべきかたちを実現しました。後日、この案件について税務調査がありましたが、先手を打っているので、何の問題もなく税務調査は終わりました。

税務戦略の有無が勝敗を分ける

租税回避を国税当局と争った事件で、法律家の間でよく知られているものに、日本ＩＢＭとＹａｈｏｏの事例があります。結論から述べます。日本ＩＢＭ事件では日本ＩＢＭが勝ち、Ｙａｈｏｏ事件ではＹａｈｏｏは負けました。両事件は、税務戦略の視点から見るとまったく性質が異なります。

日本ＩＢＭがおこなっていたのが、「戦わずして勝つ」ための「契約自由の原則」などの法律の考え方の活用に基づく税務戦略です。この戦略は、追徴課税《ついちょうかぜい》される隙《すき》はまったくないものでした。ただ、道義心《どうぎしん》から国税当局が「このようなことは絶対に許せない」と勝負を挑んだ形です。結局、地裁、高裁、最高裁のすべてで日本ＩＢＭが勝ちました。当然の結果として、「戦って勝った」のです。完全勝利といってもいいでしょう。しっかりとした戦略に対しては、国であっても手の出しようがありません。

これに対し、Ｙａｈｏｏ事件は、税務戦略としての先手を打っていなかったので、「戦わずして勝つ」ことも、「戦って勝つ」こともできないものでした。

本来の事案の筋からいえば、日本ＩＢＭ事件のほうは、わざわざ損失をつくって租税を回避したので、国税当局にとっては見過ごせないものでした。

他方、Ｙａｈｏｏ事件は、もともとあった損失を使った側面があるので、時間の余裕をもってストーリーを整えていれば、勝てる可能性が高かったものでした。

ところが、日本ＩＢＭは勝ち、Ｙａｈｏｏは負けました。言い方を変えれば、日本ＩＢＭ事件は、勝つべくして勝つように税務戦略をつくったのに対し、Ｙａｈｏｏ事件は、勝つべくし

図表６　日本ＩＢＭの連結納税の構図

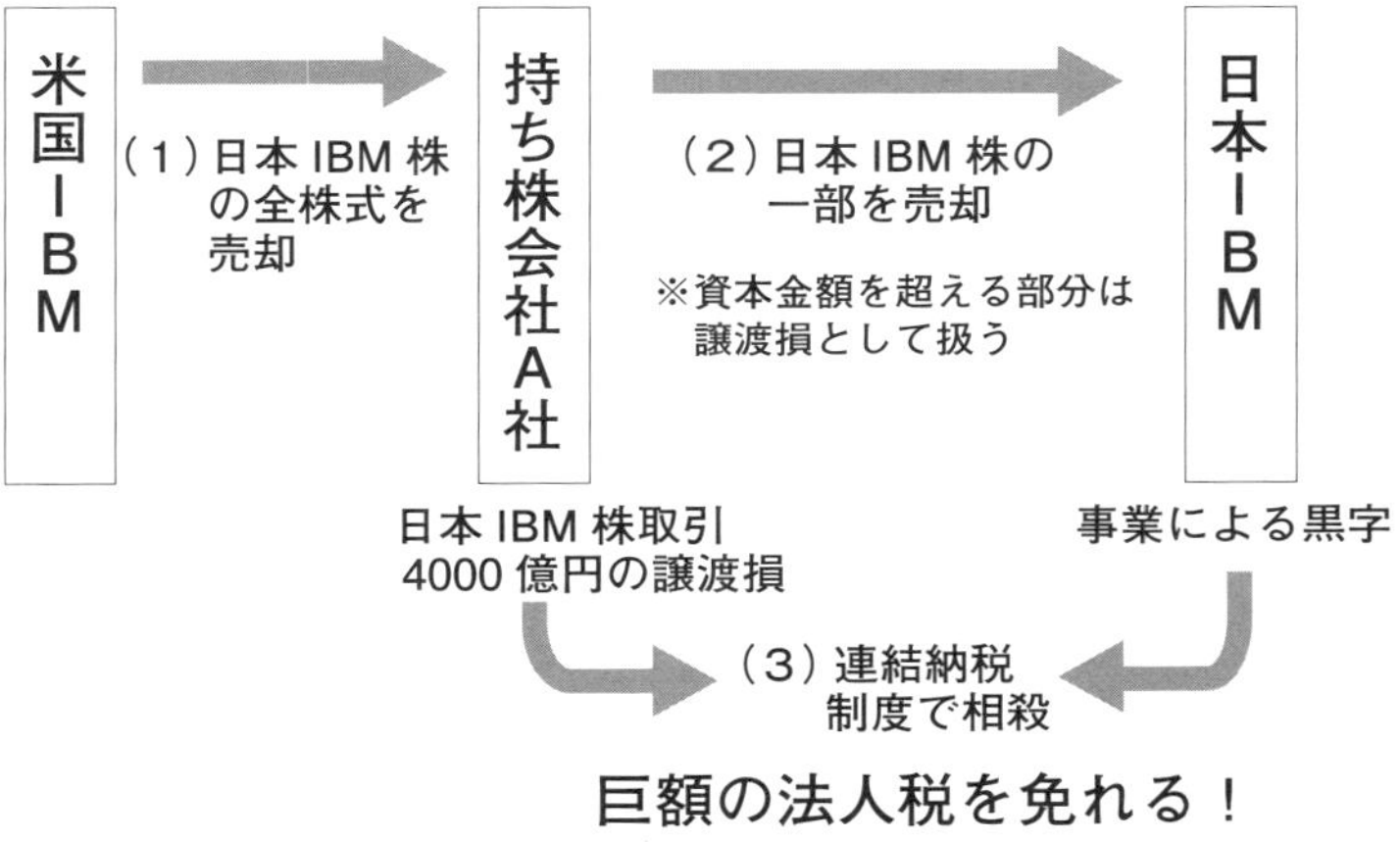

て勝つ事案なのに、税務戦略がなかったため、負けるべくして負けたのです。

勝つべくして勝った日本ＩＢＭ

巨額の利益を出していた日本ＩＢＭが租税回避《そぜいかいひ》をして国税当局と争い、一方的に勝利した税務戦略は、法律の考え方の活用でした。この「契約自由の原則」などの法律の考え方は、勝ち組企業の経営戦略すべてに通じる「戦わずして勝つ」ための基本原則の一つです。

日本ＩＢＭ事件がどのようなものだったのか、図表６で骨格を簡単にお話しします。

（1）米国ＩＢＭが日本にＡ社を設立し、日本ＩＢＭの全株式を売却しました。

（2）次に、Ａ社が日本ＩＢＭに、日本ＩＢＭ株の一部を売却しました。非常に複雑ですので結果だけ申しあげると、この取引を当時の税制にあてはめると、Ａ社に四〇〇〇億円の譲渡損が発生することになりました。

（3）その後、Ａ社と日本ＩＢＭは連結納税の関係にあるので、日本ＩＢＭで出た利益はＡ社の四〇〇〇億円ある繰越欠損金と相殺され、それによってＩＢＭグループは、その分の税金を払わなくてもいい状況になりました。

日本ＩＢＭの税務戦略のスキームは単純です。次のＡとＢの二つの税制を組み合わせたものです。

Ａ．自己株式の譲渡で、譲渡する側に譲渡損が出る制度（Ａ社の損失）

Ｂ．その譲渡損と子会社の利益との相殺を認める連結納税制度

日本ＩＢＭの利益　―　Ａ社の損失（四〇〇〇億円）

この二つの制度の組み合わせのスキームは、当時、多くの会社で活用されていました。その中でも日本ＩＢＭは、税の軽減額が大きいことで際立つのはわかりきっていたので、「国税当局が放っておくはずがない。必ず税務調査に来るはずだ」と想定していました。そのため、タックス・ロイヤー（※２５）を中心に、「戦わずして勝つ」ための先手必勝の税務戦略が練られたものと思います。

力のある専門家に先手を打たれたら、その先手を覆《くつがえ》すのは困難です。先手とは、確かな証拠の確保ですから、それを覆《くつがえ》すにはもっと強力な証拠が必要となります。しかし、後手に立つ国側は、そのような強力な証拠を見つけることは不可能に近いのです。たとえば、日本ＩＢＭ事件では、国側は、

日本ＩＢＭの株をもっているＡ社は、「実態のないペーパーカンパニーである」から「事業目的がない」と主張。Ａ社の譲渡損による日本ＩＢＭの法人税負担の減少は、租税回避を否定する根拠となる法人税法一三二条に違反するので認められない。

と主張しました。

ところが、このような国側の主張は、日本ＩＢＭにとっては想定内です。そこでタックス・ロイヤーは、国側の主張に先手を打ちます。

たとえば、持ち株会社であるA社は、日本だけでなく、中国、韓国、台湾などにあるＩＢＭ関係の会社のアジア統括会社として設立したという証拠が用意されていました。その結果、裁判所はその証拠に基づき、A社は統括会社として、グループ再編の企業買収の受け皿会社としての役割や、グループにおける金融仲介機能を果たしていたと認定しました。

A社は、日本ＩＢＭを含むアジア統括会社ですから、その役割を果たすために多額の資金が必要になります。その際、日本ＩＢＭがA社の資金源になると考えるのは経営的には自然なことです。その延長線上として、資金を調達するために、日本ＩＢＭに株式を売却するのも決して不自然なことではありません。

ただ、その際に、前記二つの制度の組み合わせが使えたので、A社に譲渡損が立ち、その譲渡損と日本ＩＢＭの法人利益との相殺によるＩＢＭグループの法人税の軽減が実現しました。この流れは、アジア統括会社の構想というＩＢＭグループの経営戦略に内包される税務戦略というべきストーリーとなっています。

しかも、A社の日本ＩＢＭ株売却による資金調達は四年という年月をかけてやっています。

つまり、自社株売買によって譲渡損を出すことを短期間で焦《あせ》ってやっているのではなく、じっくり長い期間をかけてやっています。

ここまで計画的に先手を打たれたら、法律的にはこの段階で勝負ありです。なぜなら、ＩＢＭグループは、経営戦略に基づく税務戦略の構想を立てて、証拠となる実態をつくっていますが、後手に立つ国側は、それを否定する証拠を手にすることができません。

この事件については、国税当局は負けるのを承知で戦っていました。それは国税当局の意地だけではありません。国側が敗北すれば、巨額の税額軽減を許した税制を改正する「錦の御旗」になるという思惑《おもわく》があったからです。

勝てた戦いも負けたＹａｈｏｏ

Ｙａｈｏｏ事件は、親会社であるＹａｈｏｏが子会社であるＩＤＣＳ社と合併し、子会社の繰越欠損金をＹａｈｏｏの利益と相殺したことについて、国税当局が繰越欠損金の引き継ぎを認めず追徴課税したため、税務訴訟になりました。

Ｙａｈｏｏ事件は、組織再編において子会社の繰越欠損金の活用（引き継ぎ）が課題となる案件でした。子会社の繰越欠損金は使い方によって、ある意味財産ともなります。なぜなら、利益と相殺することで税額軽減を図れ、その分、財産の保全になるからです。

そのための手法はいろいろあります。たとえば、子会社に利益が出るような業務を与えれば、子会社の繰越欠損金と業務による利益を相殺でき、税額を軽減できます。

あるいは、親会社が子会社の繰越欠損金を使って税額軽減を図りたい場合には、組織再編税制を使って合併した子会社の繰越欠損金を引き継ぎ、親会社の利益と相殺することができます。ただしこれは、租税回避に乱用される恐れがあるので、それを避けるために組織再編税制には様々な要件が設けられています。つまり、Ｙａｈｏｏ事件は、この要件に適合しているかどうかで争われたのです。

まず、Ｙａｈｏｏ事件がどのようなものだったのか、骨格を簡単にお話しします。（図表７）

①ソフトバンクがＹａｈｏｏにＩＤＣＳ社の株式を一〇〇％売却しました。
②ＩＤＣＳ社の親会社になったＹａｈｏｏが、一カ月後に、ＩＤＣＳ社を吸収合併しました。
③ＹａｈｏｏはＩＤＣＳ社の繰越欠損金五四〇億円を引き継いだとして、Ｙａｈｏｏの利益と相殺し税額軽減しました。

図表７　YahooとＩＤＣＳ社の関係

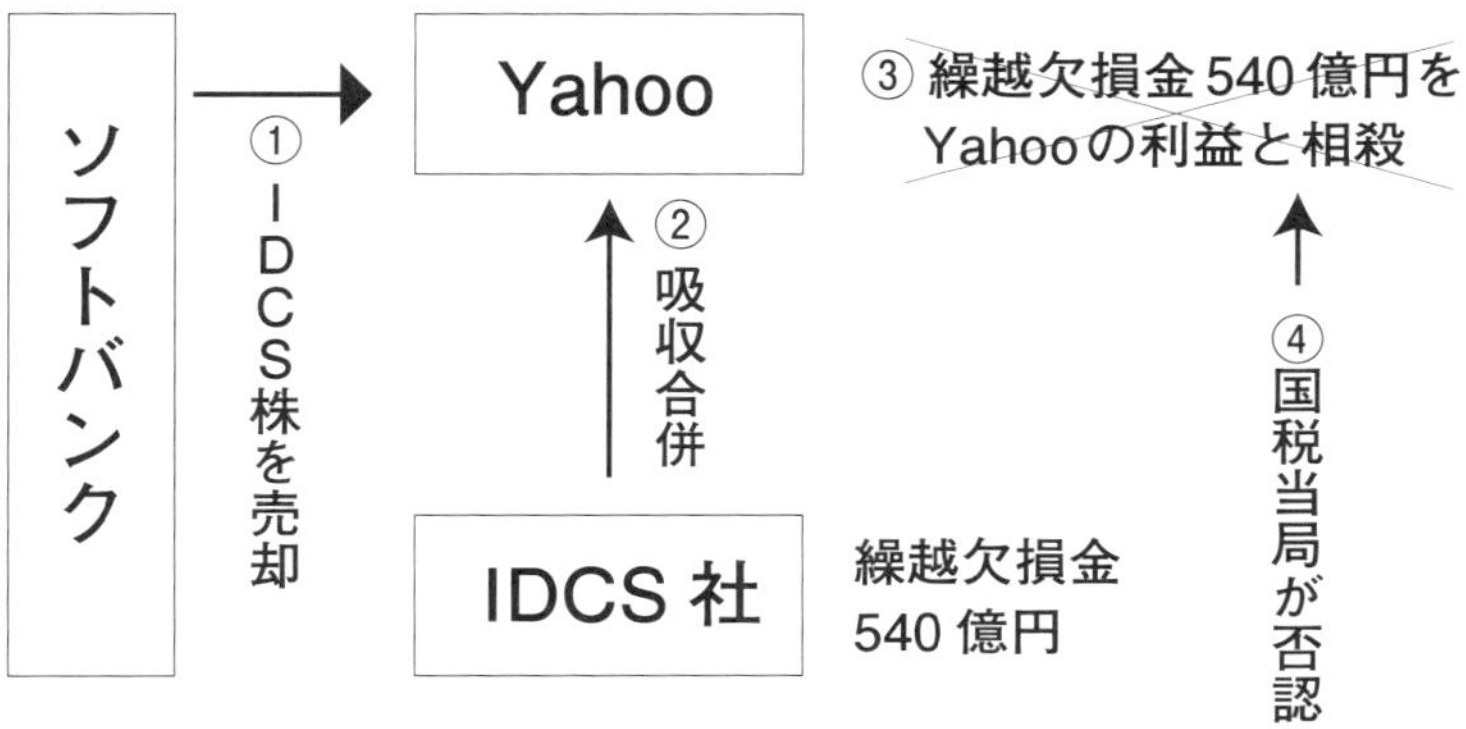

④それを国税当局が認めませんでした。

組織再編税制では、租税回避目的の合併を防止するために、子会社化から五年以内の合併の場合、繰越欠損金の引き継ぎにはいろいろな要件をクリアーする必要があります。

Ｙａｈｏｏ事件では、その中の一つ「**役員引継要件**」が備わっているかが問題となりました。つまり、ＹａｈｏｏがＩＤＣＳ社の役員を引き継いでいるかが問題の焦点です。

実はこの事件では、Ｙａｈｏｏの井上社長が、合併の三カ月前にＩＤＣＳ社の副社長に就任していたので、形式的にはこの要件は備わっていました。しかし、井上副社長以外は、ＩＤＣＳ社からＹａｈｏｏに行った役員はいませんでした。

そのため国税当局は、組織再編における租税回避を防止する「組織再編成に係る行為又は計算の否認規定（法人税法一三二条の二）」（※２６）を盾に、租税回避のために形式的な役員の引き継ぎをしたに過ぎないとして、合併による繰越欠損金の引き継ぎを認めず追徴課税しました。その後、税務訴訟になりましたが、地裁、高裁、最高裁ともにＹａｈｏｏは負け、国側が全面勝訴しました。

最高裁は、Ｙａｈｏｏが組織再編でおこなった一連の行為に対し、「明らかに不自然で、税負担の減少を目的として税制を乱用した」という判断を下しました。

小手先の税務戦略は通用しない

Ｙａｈｏｏの内情として、時間が経つとＩＤＣＳ社の繰越欠損金の一部が使えなくなるために、短期間での合併が必要でした。しかし、これは、ストーリーをつくる上でのリスクです。安全性を重視すれば、繰越欠損金の一部が使えなくなってもよいという選択肢もありました。そうすれば、短期間で合併をおこなうというリスクは回避できました。

ただ、どうしても繰越欠損金の全部を使いたいのであれば、やはり組織再編税制上のリスクは高まります。よって、リスクを回避するためには、誰にも文句を言わせない強力な証拠を用意して、自然な流れの計画の立案が必要です。

これは、租税回避という税務面よりも、経営面での自然で合理的な戦略が重要になります。本物の税務戦略には、経営戦略の必然性・自然性が必要です。経営の本質からすれば、まず経営戦略があり、それを充実させるために必然的な意味での税務戦略があるべきです。

言い換えれば、経営戦略の土台がない税務戦略は、租税回避と言われても当然です。

私がＹａｈｏｏから依頼されて税務戦略を立てるとすれば、まずは、ＹａｈｏｏがＩＤＣＳ社の事業を引き継ぐ以上、その事業に関係するＩＤＣＳ社の従来の役員は、原則的にはそのままＹａｈｏｏのしかるべき地位につけるでしょう。ある役員はＹａｈｏｏの役員にし、別の役員はＹａｈｏｏの役員ではなくても、執行役員などＩＤＣＳ社の従来業務に関連する地位につける。こうすれば経営戦略として、ＹａｈｏｏがＩＤＣＳ社の事業の引き継ぎをし、それに伴う役員の異動がおこなわれたことになります。実態とそれを証明する証拠がある以上、国税当局もこれを否定できません。

いずれにせよ、ＩＢＭ事件、Ｙａｈｏｏ事件、あるいは武富士事件のように税金の軽減額が大きな場合には、経営戦略を基礎にして税務戦略を立案・実行したとしても、国税当局は税制の改正を視野に入れて税務訴訟で負けることを覚悟し、追徴課税してくる可能性を否定できません。彼らは、国を維持し、発展させていくために税収を増やすことは正義だという錦の御旗を立てて、戦いを挑んでくる集団だと思ってください。

ですから、それに対抗するには、肉を切らせて骨を断つというぐらいの覚悟を決めて、「戦っても勝つ」の発想で挑まなければなりません。税務戦略は、決して小手先であったり、頭の体操のようなスキームで戦えるほど甘いものではないのです。

戦後最大の税務訴訟から学ぶ

当事務所で多数の訴訟を主導した中で、戦後最大の税務訴訟といわれている「ストックオプション事件」があります。無念にも敗北したものの、学ぶべき要素がありますので、訴訟の経緯をこの章の最後にお話ししたいと思います。

日本でストックオプションが全面解禁されたのは一九九七年の商法改正からなので、歴史はそれほど古くはありません。始まった頃、株価上昇後のストックオプションの行使による利益について、所得税の課税が問題になりました。課税について、主に二つの考え方がありました。

一．**役務の対価なので給与になる。だから「給与所得」とみなす**

二．**役務の対価とはいえない。また、ストックオプション権をいつ行使し、売却するのかは、自分で決め、その時の株価で利益が確定するのだから、その利益は偶発的に得た利益といえる。だから「一時所得」になる**

「給与所得」になるか「一時所得」になるかで、税金が倍違います。そのため、どちらになるのかを国税当局に問い合わせると、「**役務の対価ではない**」として、半分の税金で済む「**一時所得**」との見解を出しました。この見解に基《もと》づいて、ストックオプションを行使し利益を得た人は「一時所得」として申告するようになりました。

それが一九九八年に状況が激変しました。ある日突然、国税当局が、「**ストックオプションで得た利益は、『給与所得』だ。さらに過去三年にわたって修正申告しろ**」と強く言ってきたのです。

もし、給与所得として修正申告すると、税額が二倍になってしまいます。五〇〇〇万円だった税金が一〇〇〇万円になり、しかも修正申告すれば、増加した税額に対してさらに、「**過少申告加算税**」という行政罰的な金額を足して払う必要も生じます。さらに三年さかのぼらなければなりません。

そのようなことは誰も納得できないので、訴訟で戦うことになりました。

私の事務所では訴訟五〇件余、審査請求二〇数件を担当しました。他の弁護士事務所からも戦う人が出たので、最終的には、総勢一〇〇人ぐらいになりました。

最初の判決は、二〇〇二年に東京地裁の民事三部で、さらに翌年には民事二部で、各々「**納税者勝訴**」の判決でした。涙腺が緩《ゆる》みそうなぐらい嬉《うれ》しい判決でした。

これらの判決があった時、司法記者クラブでの会見で私は、「ストックオプション税務訴訟は、国税当局の後出しジャンケンを問題にするものです」と、誠実性を欠き、ひきょうな追徴課税《ついちょうかぜい》であることを強調しました。判決を言い渡した裁判官も「後出しジャンケンはおかしい」と思われたのだと思います。

税務訴訟事件の中核的裁判所での二つの勝利判決で、「ストックオプション税務訴訟事件の流れは決まった」と、我々は思いました。

しかし、これは甘い見込みでした。三番目の二〇〇四年の横浜地裁の判決で、ひっくり返されて負けたのです。

判決が出る直前に国税当局が「これが給与所得だという証拠だ」と、ストックオプションを行使したのに申告せず、脱税で起訴された人の刑事事件資料を出してきました。

検察官が取り調べで、「このストックオプションに関する利益は労務の対価かどうか？」と聞き、それに対して、「それは、労務の対価だと思う」と答えていました。しかも、証拠の一つに「労務の対価として、ストックオプションを払う」と書いてある雇用契約書もありました。これらのことを考慮し、横浜地裁で以下のような判決が下されました。「**ストックオプションに関する利益は、労務の対価だ**」。

この横浜地裁の判決を境《さかい》に、その後の地方裁判所、高等裁判所の判決が雪崩《なだれ》のごとく納税者敗訴の流れになりました。高裁では一つも勝てませんでした。

最後は、最高裁判所で争ったのですが、最高裁での判決はおかしなものでした。どこか異常さを感じました。

判決を言い渡した裁判官は、「**ストックオプションの行使益は、労務の対価であるから給与所得だ**」と言いました。ただ判決文には、「**これは給与所得と見ることも、一時所得と考えることもできる**」と書いてあり、私たちはびっくりしました。

普通なら不確かなものは避けて、明確な「一時所得」を取るというのが本来の憲法的な考え方です。それを租税法律主義《そぜいほうりつしゅぎ》や、明確主義《めいかくしゅぎ》というのですが、そのことをまったく無視したような判決文でした。しかも、「**一時所得か給与所得かわからないし、国が一時所得だということをずっと言ってきた事実があるとすれば、これを一時所得と見るのも無理はない。従って国がこれを給与所得と見解を変えるのであれば、法律で変えるか、あるいは通達で取り扱いが変わったことを周知すべきだ**」と書いてありました。

私たち弁護士からすると、この文面だと国が負ける論理です。どう解釈しても「一時所得」だという論理ですが、それでも強引に「給与所得」だと結論づけて、国の勝利になりました。異常な判決の裏に、裁判所になんらかの思惑があったのかもしれませんが、最高裁で確定したら、もうそれ以上は戦えません。

ストックオプションの税務訴訟について、ことの経過をあらためて見ると、納税者側から先手を打っていたら、訴訟に負けることはありませんでした。それ以前に、「訴訟にすらならなかった」と今は言えます。

ストックオプションをもらった経営者は、国税当局に何度も相談に行っています。それで何度も「ストックオプションは一時所得だ」と言われてきました。この時点で、経営者たちが「個別通達《こべつつうたつ》を出してください」と言って動いていたら、通達を出しただろうと思われます。すると、その後の国の判断は「一時所得」に固まります。

国税当局が「給与所得にしろ」と攻撃してきてから戦うのではなく、事前に納税者のほうが「一時所得」に固めるための手を打っていたら、最初から争いになることはありませんでした。これが「戦わずに勝つ」ということです。

いずれにせよ、今まで大丈夫だったことが突然ダメになったり、法律の解釈すら曲げて運用してくることもあります。ですから法律を経営に活かすというのは、万が一に備えて、初めからどのような攻撃をされるかまで想定して手を打っておくことをいうのです。

戦ってしまったら、たとえ勝ったとしても傷ついてしまいます。そういう意味では法律を活用するというのは、地味な仕事に見えますが、戦いが起こらないよう先手を打つということです。

民主的な法治国家におけるビジネスの戦いは、「法律」というルールブックを手にした自由競争です。そこで重要なのは、法律というルールを熟知して、それを有利に使えるようにする「脳の機能を最大限に活用する知力の戦い」です。

つまり、自由競争を制する者は、法律ルールを制する者なのです。

第三章のまとめ

1. 国税当局は富裕層の財産を狙っている。隠し財産を見つける仕組みが整ってきたので、やましいことはしない。

2. 税金問題は、国税当局と争いになってから対応するのでは遅い。先手を打ち「戦わない」のがこれからの常識。

3. 「契約自由の原則」という法律の考え方を使って戦略を構築すると、たとえ国であっても簡単には崩すことができない。

4. 税制は課税するためだけのものではない。上手に活用すれば、企業の活動を後押しし、発展に大きく貢献してくれる。

5. 本物の税務戦略は、経営戦略上の必然性・自然性がなくてはならない。小手先や頭の体操程度のスキームでやれるほど甘くない。

6. 法律を経営に活かすというのは、万が一に備えて、どのような攻撃をされるかまで想定して手を打っておくことをいう。

（※19）租税条約＝課税関係の安定（法的安定性の確保）、二重課税の除去、脱税及び租税回避等への対応を目的として国家の間で締結される条約。日本は、現在（二〇一八年）七〇条約を締結しており、一二三カ国・地域との間に効力を有している。

（※20）税務戦略（タックス・プランニング）＝無駄な税金を払わないための合法的な税額軽減対策。

（※21）過払い金の返還請求＝利息制限法の定める上限二〇％を超えて支払っていた金利分が、二〇一〇年の出資法や貸金業法の改正によって返還しなければならなくなった。その返還の法的手続き。

（※22）通達＝上級行政機関が下級行政機関に対しておこなう行政組織内部における命令。職務事項や法律の解釈・判断の具体的指針を示し、行政上の処理の統一をするためのもの。

（※23）租税法律主義＝租税を課すには、必ず法律の根拠がなければならず、法律に従っておこなわなければならないという原則。わが国の憲法は、租税法律主義に立つことを明らかにしている（憲法八四条）。租税は国民に直接負担を求めるものであるから、議会を経て国民の同意を得なければならないという考え方に基づく。具体的には納税義務者や課税対象などの課税要件が法律により定められなければならないという課税要件法定主義と、課税要件は明確でなければならないという課税要件明確主義という二つの要素が含まれていると考えられている。

（※24）組織再編税制＝合併、会社分割、現物出資、株式交換、株式移転、現物分配等、組織再編行為に係る税務上の取り扱いについて定められたもの。組織再編成をおこなった時に移転した資産・負債は原則として時価で譲渡したものとして譲渡損益を計上するが、この譲渡損益を繰り延べることができる。

（※25）タックス・ロイヤー＝【tax lawyer】経営段階から税務に関与する税務専門の弁護士。無駄な税金を払わないための税務戦略を立てるのに特化している。

（※26）組織再編成に係る行為又は計算の否認規定（法人税法一三二条の二）＝組織再編成において、繰越欠損金や含み損を利用した租税回避行為に対して適正な課税をおこなうことができるようにする、包括的な租税回避防止規定。

引用：（※23）についての説明は、『デイリー法学用語辞典』（三省堂編修所編 2015）より引用しました。

第四章　税務調査が入った時の社長の正しい対応

税務調査は怖くない！

税務調査は、納税者の申告内容が正しいかどうかを確かめるための調査ですが、多くの社長は、税務調査官や税務調査に「怖い」や「苦手」というイメージをもっています。

たしかに税務調査官は、権限をもっているので怖いところもあります。しかし、彼らは好き勝手に調査や処分ができるわけではありません。できることは、法律などで規制されています。彼らは何ができて、何ができないのか、それを知っていれば、必要以上に怖がらなくてもいいことがわかります。

中世の封建時代《ほうけんじだい》では、支配者と法律は同義語でした。そのため皇帝や王様などの権力者が「税金を払え」と言えば、国民は従うしかありません。それが時代が変わり、民主主義になると支配者さえも法律の下にあり、法律をつくるには国民の代表が集まった議会での多数決が必要になりました。そのことからも本来「**法律**」というものは、国民を苦しめるものではなく、国民の自由や利益を守るためにあるということがわかります。

ですから公権力をもっている役所や役人は、法律にしばられています。たとえば、総理大臣や国会議員は、内閣法や国会法でしばられていますし、検察や警察権力は、刑法などでしばられています。国家公務員は国家公務員法、地方公務員は地方公務員法などによってしばられています。

もちろん税務調査官も一緒です。

税務調査官は「税法」と「国税通則法（※27）」に従って調査する必要があり、「俺が調べたいから調査する。俺が決めたから守れ」ということは通用しません。「税法」や「国税通則法」というのは、税金を支払わせるだけの法律ではなく、税務当局や税務調査官の権限を抑制するための法律でもあります。つまり、調査官に「何かをやるには法律に従っておこないなさい」というのがもう一つの役割です。

通常の「任意の税務調査」は、令状によっておこなう「査察《ささつ》」ではないので、怖がる必要はまったくありません。「税務調査の必要性」という条件がないと、税務調査官は税務調査ができないという法律があるからです。

逆に企業側は、「税務調査の必要性」があれば、調査に協力すべき義務が生じます。「税務調査を拒否できないのか？」ということを聞かれますが、「**納税者には、税務調査を受けなければならない義務（受忍義務）がある**」と国税通則法にあるので、拒否することはできません。さらに「税務調査を拒否した場合、一年以下の懲役または五〇万円以下の罰金を受けなければならない」となっています。

ですから税務調査官が、「申告内容を確認するために、事業の概要を教えてほしい」「申告の基礎になった書類を見せてほしい」と、「調査の必要性」による正当な要求をしてきた時は、素直に協力しなければなりません。

その意味で、税務調査官と企業側との間には、「調査の必要性」を軸にしたコミュニケーションが必要になります。税務調査とは、税務調査官という公務員と国民との間の戦いではなく、両者間のコミュニケーションの場なのです。

調査協力の「義務」はあるが「任意」

もっとも、税務調査に協力すべき義務があるといっても、それは「**調査官の言いなりになれ**」ということではありません。

たとえば税務調査官が、ある契約書について、「確認したいことがあるので、社長をすぐに呼んできてほしい」と言った場合です。中堅・中小企業の契約書には、多くの場合、社長の署名捺印があるので、このような要求になります。

多くの社長は「協力するのは任意」ということを知らず、税務調査官の要求を受け入れなければ酷《ひど》い目にあうという恐怖心をもっているため、忙しくても従ってしまいます。

すると調査官から、二年前、三年前の契約について「思い出せないのはおかしいだろう」と細かく追及されます。署名捺印だけしたものなので詳細を知らなかったり、忘れてしまって、しどろもどろになって答えられないでいると、矛盾点を突かれて「やっぱり怪しい。何か隠しているだろう」とつけ込まれてしまいます。そして、「実際はこうなんだろう」と、調査官が一方的に書いた状況説明の文書に署名捺印を迫られます。

税務調査を受けた経験のない社長ほど、「ハンコを押せ」と言われたら、文書の内容が自分の記憶と異なっていたとしても、「この場を何とか逃《のが》れたい。後で修正すればいい」と思い、言われるがままに署名捺印してしまいます。

しかし、修正するチャンスはありません。このハンコを押してしまった文書が、後日、国側の有力な証拠として使われます。

ですから社長は、このような場合の正しい対処法を知らなければなりません。

税務調査に協力すべき義務はありますが、会社の業務上必要な仕事を犠牲《ぎせい》にしてまで協力しなければならないという強制力《きょうせいりょく》はありません。したがって忙しい時は、時間が取れる時に調査に協力すればいいのです。それがたとえ二週間後でも、一カ月後でも問題はありません。

調査官の中には、「いや、この契約書に関して、今すぐ話が聞きたい」と強引に言ってくる人もいますが、「協力する」という姿勢を保ちながら「ここ一カ月は忙しいです」と言えば、調査官はそれに合わせるしかありません。

また、社長が呼ばれた場合でも、内容によっては、担当役員や担当部長が出たほうがいい場合もあります。社長と言われたからといって、何がなんでも社長が出る必要はありません。

たとえば、「この契約は、担当の事業部長がやりました。彼を呼びましょう」と逆に提案すればいいのです。しかも担当部長も、今すぐには手が離せないというのであれば、そのことを調査官に伝え、その上で、一、二週間後、場合によっては一カ月後の日程・時間を指定して聞き取りに協力する旨を伝えればいいのです。そうすると、一カ月の猶予《ゆうよ》期間をつくることができます。

その期間中に対策を講じます。そうでないと、二、三年前の契約書の内容をすぐに答えろと言われても、完全な形で記憶に残っているはずがありません。実際に手続きした人も部署が変わっているかもしれませんし、契約当時のことを詳細に覚えてはいないでしょう。ですからこの猶予期間に契約にいたる経緯、契約内容を思い出し、もし問題点があればその問題点への対応などを検討します。

さらに調査官を前にしても威圧感に屈しないように、事前に税理士や弁護士などによる応対のリハーサルをするのもよいでしょう。このように、調査官の聞き取りに対して協力体制を整えると、的確に対応できるようになります。

ところが、現実の税務調査現場では、少し違う状況になることもあります。

なぜなら、税務調査官も成果主義で出世と給料が決まるので、成果を上げるために、「絶対、課税逃れをやっている」と疑い、厳しい口調や態度で、資料を要求したり、強引なパソコンの閲覧《えつらん》など、違法スレスレの調査手法で追徴課税の証拠を見つけようとします。

そのような調査官が来た場合、態度に怒りを覚えたり、逆に萎縮《いしゅく》してしまうかもしれませんが、そうであっても、調査官とは円満なコミュニケーションをするほうが、経営者側にとってメリットが大きいことを知っておいてください。

なぜなら税務領域はグレーゾーンが広いため、現場では「**見解の相違**」が多く生じます。

その際に、喧嘩腰《けんかごし》の対応では、お互いの妥協《だきょう》点を見出せず、税務訴訟も視野に入る更正処分《こうせいしょぶん》（※28）につながりかねません。

しかし、円満なコミュニケーションができていれば、修正申告（※29）ではなく「指導」にしてくれたり、一部の修正申告《しゅうせいしんこく》で済む可能性も高くなります。

調査官も心をもった「人」です。良好な関係を築いていれば、無理難題は言いません。

突然の税務調査も先手を打てば慌てない

税務調査は、原則として事前に通知をしてからおこなわれます。しかし、時には通知なしに調査官が来ることもあります。その時、どのように対応すればよいでしょうか。

調査官が来たら、慌《あわ》てて会社に招き入れてしまうことが多いと思いますが、準備をしていない状態だと不利になるだけなので、すぐに入れる必要はありません。

税法で「**過去の申告・調査の結果や事業内容など色々な情報から見て、違法な行為などで税額などの把握を困難にするなどして、国税に関する調査の適正な遂行に支障を及ぼすおそれがあると認める**」という一定の要件を備えていないと、事前の通知なしの税務調査はできないことになっているからです。

しかし調査官の中には、納税者の無知に乗じてわざと予告せずに税務調査をおこなう人もいます。ですから突然来た調査官には、「**税法では、事前の通知なしに調査はできないはずですが？**」と確認し、「税法を知っているぞ」とアピールすれば、そのまま引き上げることも多くあります。

しかし、確認をしても帰らない調査官もいます。その場合でも、顧問税理士との間で対応を事前に決めておけば、何の心配もいりません、先手必勝です。

たとえば、税務調査官をすぐに会社には入れず、まずは入口で待たせます。その間に顧問税理士に電話をして、調査官と直接話してもらいます。

通常はこれだけで、空振りで帰るしかなくなります。ほとんどの場合、「調査の要件」は備わっていないのです。その後、日程調整をして税務調査に入ることになりますが、これで対策を立てるだけの日にちを稼ぐことができます。

顧問税理士との連携が上手くいくのも、「税務調査官の行動パターン」を前もって知っているからです。そして「それに対する適切な協力の仕方」もわかっているからです。

ですから社長に知っておいてほしいのは、「国税通則法《こくぜいつうそくほう》」です。この「国税通則法《こくぜいつうそくほう》」は、税務調査について規定しているので、キモの部分だけでも知っていると税務調査への対策を立てることができます。

前述したように、「**一定の要件を備えていないと、事前通知なしに税務調査ができない**」「**税務調査は日程の変更ができる**」も国税通則法に書かれています。

他には「**税務調査は犯罪調査とは違うので、犯罪者扱いしてはいけない**」とも書いてあります。つまり、社長を叱りつけたり、威圧したり、誘導したりしてはいけないのです。税理士がいる前でこういう態度を取ることは少ないかもしれませんが、社長だけの時は気をつけてください。

調査官から厳しい言葉を掛けられても反論せず怖がっていると、「この社長は税務調査のことを知らない。多少強引に調査をしても大丈夫だ」と思われてしまうからです。

調査官は少しでも多くの税金を取るために来ます。そのためチェックするのは、間違いが多く、税金を多く取れそうなところです。たとえば「売上の計上漏れ」「経費の二重計上」「売上・

経費の期ズレ（※30）」「在庫の計上漏れ」などです。ただし、売上の計上漏れが「隠蔽《いんぺい》」にされないように注意が必要です。

また税務調査官は、会社のすべての税金についての調査ができるわけではありません。事前通知の段階で「1．調査の日時」「2．調査をおこなう場所」「3．調査の目的」「4．調査の対象となる税目」「5．調査の対象となる期間」「6．調査の対象となる帳簿書類その他の物件」などを伝えなければなりませんし、それ以上のことを勝手にやってはならないとも書いてあります。そのことをわかっている税理士の助けを借りるのが望ましいです。

このように「国税通則法」を知ると、税務調査官は何ができて、何をやってはならないかを知ることができるので、税務調査官に好き勝手されることはなくなるのです。

税務調査官のタイプ別対応法

税務調査官も人ですから、色々なタイプの人がいます。鋭い感じの人もいれば、そうでない人もいます。融通《ゆうずう》の利く人もいれば、利かない人もいます。柔和な調査官もいれば、乱暴な調査官もいるでしょう。

強硬派《きょうこうは》の調査官には「追徴課税《ついちょうかぜい》して、国庫を豊かにすることが国益になる」という信念の人がいます。道義心《どうぎしん》で追徴課税《ついちょうかぜい》を迫《せま》る人もいます。「租税回避をして、払うべき税金を減額するのは道義《どうぎ》に反するので、何としてでも追徴課税《ついちょうかぜい》をとる」という強い思いから、協力関係を基本とする任意調査の枠をはみ出して、強制的な税務調査になりがちな人もいます。

たとえば、担当部長に強制的な言い方で、「鍵のかかっている机を開けて見せなさい」と言って無理やり開けさせたりします。多くの場合、見られたくない書類などは、鍵のかかる所に入れているので、調査官に決定的な証拠を見つけられてしまいます。

ここで担当部長に、「**税務調査は必要に応じて協力するもので、強制ではない**」という知識があったり、税務調査をよく理解している税理士・弁護士が対応していれば、本来は開ける義務はないのですから、余計なものを見つけられたり、恐れを感じるたりする必要はありません。

ところが、社員は社長以上に「調査は強制力があり従わなければならない」と思い込んでいるので、鍵を開け、中にある物を見せてしまいます。

一方、穏健派《おんけんは》の調査官は、強く迫ってきたり、無理難題《むりなんだい》は言いません。このようなタイプの調査官には、有能な人が多く税務知識も豊富で勉強熱心な人もいます。もちろん中堅・中小企業のこともしっかり研究しています。ですから、法務面、手続き面など弱い点を突いてきて、確実に成果を上げていきます。

たとえば中小企業では、株主総会を開催していないことが多いです。よって租税回避《そぜいかいひ》があるような場合には、総会の開催がないことを理由に、株主総会の決議を必要とする租税回避行為《そぜいかいひこうい》の否認をしてくることがあります。中小企業の経営の実態や現場を知っている穏健派《おんけんは》の調査官を軽く見てはいけません。「コワイ人じゃなくてよかった」と安心していると、徹底的に調べられて、多額の税金を払うことになるかもしれません。

調査官が強硬派であろうと、穏健派《おんけんは》であろうと、税務調査を受ける前の段階で適切な対応をしておく必要があります。つまり行き当たりばったりの小手先の対応策ではなく、第三章の日本ＩＢＭのように、経営戦略のストーリーとして法務・税務を強化しておくことです。

税務調査に「おみやげ」は必要か

税務調査の時、帳簿上に調査官がすぐ見つけることができる適度な間違いをしておく、いわゆる「おみやげ」を用意しておく必要があるかと聞かれることがあります。税務調査に「おみやげ」が必要だという理由は、二つ考えられます。

一、調査が長くかかると嫌なので、修正申告という「おみやげ」を渡してさっさと調査を終えてもらうため。

二、**税務実務はグレーゾーンが広いので、調査官との間で意見の対立などが予想される。多額の修正申告を迫られる危険がある場合や、偽装や隠ぺいをしていて、重加算税がかかる危険がある場合、そちらに目を向けさせないため。**

先ほども述べたように、税務調査官は成果主義で評価されるので「修正申告を獲得したい」と思っています。しかも、調査件数のノルマもあるので、できれば、「**短期間で、より多くの修正申告をとりたい**」と思うのも無理はありません。これらのことから、「おみやげ」を喜ぶ調査官がいても不思議ではありません。

税理士の中には、この習性を逆に利用して、あえて税務調査を長引かせるように誘導し、修正申告をあきらめさせることを指導している人もいます。

しかし、多くの社長は、税務調査の期間は短いほうがいいと考えているので、税理士の指導の下で「期ズレ」などの修正申告ネタを、「おみやげ」として用意することがあります。

このように、税務調査の実務においては、「おみやげ」は、知恵の一つだともいえます。

ただ、税務調査の本来の姿を理解して、先手を打って対応することができれば、税法が味方になってくれるので、「おみやげ」は必要ありません。

このように税務調査を恐れず、法律を味方にし、正々堂々の姿勢を貫けば、その企業は国税当局の「**税務調査をしない企業リスト**」に入ることができるのです。

調査を梃《てこ》に企業の成長を図る

税務調査官も第一章で詳しく述べた労働基準監督官も、会社や社長を陥《おとし》れるために調査をおこなっているわけではありません。むしろ、調査の本来の目的は、法律に照らし合わせて、企業が正しくない方向に行った時に「それは違います」とアラームを鳴らすことです。

たとえば税務調査は、企業の経費の使い方や、繰越欠損金《くりこしけっそんきん》（※31）の処理の仕方、税法から見てまっとうでない点などを指摘してくれます。それをきっかけに改善をおこなえば、税法という法律から見て、どこにも問題のない強い会社になります。

あるいは、経営幹部や従業員の取引先との不適切な関係や横領など、違法な行為が見つかったりもします。これは、企業内における、よどんだ空気を清浄化するチャンスです。

つまり、内部監査組織をつくることが難しい中堅・中小企業は、違法行為や不適切なことを〝見える化〟し、徹底的に洗い出すためにも、税務調査を活用したほうがよいともいえます。

同じことは、労働基準監督官の労務調査にもいえます。厳しい調査を前向きに受け止めて、違法行為や不適切なものを表面化させ、それを除去する方策を立てて、強い企業を目指すことが重要です。社長の意識さえ変われば、働きやすさと業績のよさを兼ね備える企業に変貌《へんぼう》することができます。

本来なら、調査が来るのを待つのではなく、弁護士などの協力を得て、企業が自らの手で厳しくチェックし、改善することが望ましいのです。

たとえばデューデリジェンス（Due diligence）は、組織再編や、企業買収の際に、対象企業の法務、財務などの経営状態を調査するものですが、「法的なところにリスクはないか」「財務状態はどうか？　財務的なリスクはないか？」などを、しっかりとチェックします。

ただ通常、デューデリジェンスは、その企業の実情を知らない相手方が秘密裏におこなうので、労務に関していえば、雇用契約書や就業規則などの書類を見て、限られた関係部門の人たちに「労使関係はうまくいっていますか？」「残業代の不払いはないでしょうね？」「課長にも残業代を払っていますよね？」程度のことを聞くだけなので、労務の実態を知ることはできません。

したがって、最高最強の経営を構築するためには、経営トップの意向を明確に示して、労働基準監督官がやるような厳しい調査をやる必要があります。

そこで私が顧問先に提案しているのは、経営トップ層と直結する、労働基準監督署の局長クラスのOBと弁護士によって構成する、「**有識者委員会**」の設置です。この委員会の運用がブラック企業をホワイト企業にするうえで大きな成果を上げています。

行政官OBの方々の数十年にわたる実務の経験や知恵は、大いに役立つものです。それを活用しないのはもったいない。これは、税務調査官のOBにもいえることです。豊かな経験と人脈と知恵をもつ優秀な行政官ＯＢと弁護士との協力関係は、柔軟にして最強の経営参謀となります。

実際に税務調査官ＯＢや労働基準監督官ＯＢとチームを組んで仕事をしてみると、優秀で人間性豊かな人格者が多く、しかも、我々とは異なる側面の実務家として、独特な考え方や知恵があることがわかります。

つまり、事前に行政官の思考法や知恵を知ることで、税務調査や労務に関する調査に対し、先手を打つことができ、税務調査官や労働基準監督官とコミュニケーションが円滑に図れ、争うことなく適切な対応ができます。

まさにこれは、戦う前に勝利するようなものであり、行政官を味方にすることで「戦わずして勝つ」ことができるのです。

一億円の税額控除は四〇億円の売上に匹敵

今の日本の会社では、管理部門を収益部門とは考えていないために、そこでの成果は営業職ほど高く評価されません。しかし、管理部門は研究開発部門と協力して「税額控除」などを使うことによって、営業職では簡単に出せない莫大なキャッシュ（実質上の税引後利益）を会社にもたらすことができます。

そのことがわかっている社長は、管理部門を効率性の高い収益部門と考えています。そこで経営の効率性を考えるなら、これからは管理部門にもっと目を向けるべきです。


私がおすすめしている、「**試験研究費の税額控除**」は、管理部門でキャッシュを生み出す時に考えたいテーマの一つです。

税務調査で全額の「試験研究費の税額控除」が認められるのは、そう簡単ではありません。当該試験研究が、税額控除の対象となるかどうかも、不透明なことが少なくないからです。また、人件費のうち、どの部分が試験研究費と認められるかも不透明な面があります。そのため、「試験研究費の税額控除」は、税務調査で指摘を受け、修正申告の対象になりやすい面があります。

よって、成功すれば会社に大きなキャッシュをもたらすことがわかっていても、修正申告になった場合に、依頼者からの損害賠償責任を追及されることを恐れて、税理士法人などは「試験研究費の税額控除」を積極的に提案してくることはありませんし、社長もそのようなキャッシュ獲得手法があることを知りません。

そのような中で、指導先のX社では、毎年、「試験研究費の税額控除」をおこなっています。X社は上場企業で、試験研究費を何十億円も使っていました。社長の神谷氏(仮名)が、「当社は試験研究によってイノベーションを起こすことで、将来の成長を確保する。そのためには、補助金的役割を果たしている税額控除制度を大いに活用する必要がある。ところが、税額控除を実施すると、厳しい税務調査があり、否認されるなど様々な困難があると聞いている。しかし、だからこそ実際にやってみて、税務調査で否認されたとしても、それを糧《かて》にして、次回、さらに次々回には否認されないようにもっていけばいい。それを繰り返せば、自社だけができる有利な手法を確立できるはずだ」と宣言し、経理の若手リーダーだった東山氏(仮名)を含む二人の経理部員に、「試験研究費の税額控除」をやるように命じました。

失敗を恐れさえしなければ、失敗が大きなチャンスに変わることを知っている経営トップだからこその言葉です。**戦うことを繰り返すことで、「戦わずして勝つ」ことを実現できる経営戦略です。**

しかしX社は、最初の数年はボロボロでした。「何か怪しいことをしている」と国税当局に目をつけられ、毎年、税務調査が入りました。そして、国税当局と意見対立すると、ほとんどが負けます。毎年のように修正申告をして、過少申告加算税を支払いながら、東山氏は一つ一つ経験を積み重ねていきました。それを繰り返しているうちに、「これを事前にやっておけば大丈夫だ」ということを一つ一つ学んでいきました。

その結果、今では国税当局から「試験研究費の税額控除」については、税務調査を受けることがなくなりました。「無理だからやめましょう」とはせず、「必ずできる」と信じてやり続けたからこその素晴らしい成果です。

ここにいたるまで、いろいろな苦労がありました。たとえば人件費ひとつとっても、試験研究費の対象になる人件費かどうかは、通達では「専《もっ》ら従事している者」という基準です。これについては、この通達だけでは判断できないので、東山氏のチームは税務調査の度に、どれぐらいが「専《もっ》ら」の基準なのかを探りました。

試験研究の他に、他の業務をやっている場合、試験研究のために使っている割合が何%になったら「専《もっ》ら」になるのか。七〇%でもいいのか、八〇%ならどうだろうか、それとも、九〇%は必要なのだろうかと何度も何度も試行錯誤を繰り返し、ようやく九〇%以上が「専《もっ》ら」の実務基準になることがわかりました。

それがわかると、試験研究に関わっている従業員について、各人が時間の何％を試験研究にあてているかを全部コンピューターに入力し、自動計算しました。すると、この人は七〇％だから「概《おお》ね」となりダメ、八七％でも「概《おお》ね」となりダメ。この人は九〇％を超えているから「専《もっぱ》ら」になる、ということが瞬時に出せるようになりました。

その上で、試験研究に八〇％従事している人だったら、仕事を調整して九〇％まで研究に従事するようにしました。すると、より多くの従業員の給料が試験研究費として計上することができるようになったのです。

多くの会社では、税制をどう使うかという話になると、社長の多くはとたんに「失敗したら困る」と躊躇《ちゅうちょ》してしまいます。たとえば税額控除額を一億円取るつもりだったのが、税務調査の結果、全額が認められず、一〇〇〇万円は否認されてしまった場合、その否認されたことに焦点をあわせてしまうのです。

X社の神谷社長の場合は「九〇〇〇万円取ればいいじゃないか。その否認された一〇〇〇万円は勉強に使ったと思えば、痛くもかゆくもない」というように部下にチャレンジさせ続け、四～五年は国税とやり合い、一億円という他社では実現できない多額の税額控除をつかみ取りました。

一億円の税額控除ということは、相当な額のキャッシュ、つまり税引後利益が増えるということです。その税引後利益の増額は、通常の営業による売上計上と比較にならないほど効率性が高いのです。

参考に、実際に試験研究費の税額控除が、どれぐらいの利益貢献になるかを、計算例で示します。

【税額控除額の計算】ある年度の決算数字を仮定します。

資本金五〇〇〇万円のソフト開発会社

法人税の実効税率	二五%
課税所得	一億円
法人税額	二五〇〇万円
試験研究費	五〇〇〇万円

図表８　税額控除額の計算

試験研究費	5000万円×12％＝600万円
法人税額	2500万円×30％＝750万円
	600万円＜750万円

つまり、税額控除限度額は、600万円になります。

他に地方税の減税　　20万円

税額控除額の合計　620万円の減税

試験研究費は、全額、経費として計上されますが、その税額控除には、限度額があります。それは、試験研究費の総額の一二％か、その年度の法人税額の三〇％のいずれか低いほうが限度額となります。その計算式を示すと図表８のようになります。

この六二〇万円の税額控除額は、経営上、いかなる意味があるのでしょうか？　六二〇万円の減税は、キャッシュ、イコール純利益の増加と同じ効果をもちます。

仮に売上高純利益率が二・五％(純利益の四〇倍が売上高)の場合、六二〇万円の純利益増加の経営上の意味は、

六二〇万円×四〇倍＝二億四〇〇〇万円

の売上の増加と同じ意味になります。

管理部門ほど利益レバレッジが効く

ほとんどの企業では、管理部門や経理担当者が新しいことに挑戦することはありません。彼らは挑戦するのが嫌いです。なぜなら、大きな成果を苦労して勝ち取ったとしても、評価されないし、給料も上がることがないからです。そのくせ、失敗すると責任を問われます。それはいまだに、「管理部門は利益貢献しない」と思っている社長が多いからです。しかし、実際は、管理部門ほど利益レバレッジが効く部署はないのです。

先ほどの例のように、試験研究費の税額控除をおこない、二億四〇〇〇万円の売上に匹敵する効果をあげた担当者がいたら、給料や役職を上げてもいいとは思いませんか？　しかし実際には、上げない例が多いのです。他の経理担当者と同じぐらいの評価しかされません。

これがもし営業担当だったら、一億の売上だけでも全社表彰されるのではないでしょうか。ここがやはり日本企業のダメなところです。管理部門であっても、「これだけの成果をあげると、これだけの報酬を払う」と適正に評価したら、もっと頑張ってくれるのではないでしょうか。

アメリカではこのような仕事を、「タックス・ロイヤー」という専門職として高く評価しています。ですから給料は非常に高額です。管理部門には金を払わないという日本の会社からすれば、その価値観はなかなか理解できないと思います。

「一億円安くなる」といっても、税金が一億円安くなるのと、経費が一億円安くなるのでは、レバレッジが四〇倍違うのだという発想がないのです。税引後の利益と経費では、意味がまったく違うのです。それを同じ一億円という認識しかないのが、日本の社長が経営数字に弱いことの証左です。

そう考えると、管理部門などの裏方の人であっても、成果をあげればそれに報いる、という姿勢が経営者層には必要です。また、「失敗してもいいからやってみろ」と言ってやらせるぐらいの社長のほうが、管理部門の人は思い切った策が打てます。そのほうが将来的には大事です。

ルーチン業務だけをこなして、改良ぐらいでチマチマとどまっていては、どんどん小さくなっていくだけです。

たかが印紙税されど印紙税

税務調査は、通常「**法人税**」「**消費税**」「**源泉所得税**」の三つの税金について調査されます。しかし最近では、同時に「**印紙税**」も調査されることが増えてきました。

「契約書には印紙を貼る」ということは、ビジネスの常識ですが、金額が大きくないので、印紙税を意識している社長はほとんどいません。しかし「たかが二〇〇円の印紙」という意識が、数億円、数十億円の売上を無駄にするケースが、現実にあります。具体的な例を用いて説明します。

納付すべき印紙税を納付していないと、本来は、その三倍に相当する過怠税《かたいぜい》（※32）を徴収《ちょうしゅう》される可能性があります。ただ自主的に納付を申し出た場合は、一・一倍の過怠税《かたいぜい》に軽減されます。

つまり、二〇〇円の印紙が貼っていないことが税務調査で見つかり、納付を申し出た場合、二二〇円の納付が必要になります。これだけを見ると、「たかが二〇〇円の印紙で何を恐れているんだ」と言いたくなるでしょう。

全国のスーパーや商業施設で、自転車を販売・修理しているＪ社で、修理に関する書類のことで印紙税が問題になりました。

Ｊ社は修理の依頼を受けるとハガキで「修理承《うけたまわ》り票」をお客様に送っています。社内はもちろん顧問税理士も、そのハガキが契約書になるという認識がありませんでした。ところが税務調査で、「修理承《うけたまわ》り票」が印紙を貼るべき「課税文書」として認定されてしまいました。

つまり、各々一枚の「修理承《うけたまわ》り票」というハガキに「二〇〇円の印紙を貼れ」となったのです。全国展開しており、なおかつ三年間分さかのぼって過怠税《かたいぜい》を支払わなければなりません。三年間で発行された「修理承《うけたまわ》り票」はなんと約一五万通。つまり過怠税は、

一五万通×二〇〇円×一・一＝三三〇〇万円

過怠税《かたいぜい》は、税務上、損益に関係させないことになっています。わかりやすく説明しますと、過怠税《かたいぜい》分の税額相当額のキャッシュが失われることになります。つまり、三三〇〇万円のキャッシュが減ったことになります。言い方を変えれば、キャッシュともいうべき税引後利益が、三三〇〇万円減少したと同じことになります。

たとえば、税引後利益率（税金額÷売上高）が一・五％の企業の場合は、税引後利益額の四〇倍の売上高が減少したことになります。つまり、税引後利益三三〇〇万円の減少は、売上高一三億二〇〇〇万円の減少、無駄ということになります。

以下の計算式で算出されます。

過怠税《かたいぜい》三三〇〇万円×四〇倍＝売上高一三億二〇〇〇万円

加えて、一三億二〇〇〇万円の売上を上げるために費やした経費も、経費率が九〇％とすれば、一一億八八〇〇万円も無駄にしたことになります。また、その分の役員・従業員の努力も無駄になったことを意味します。

たかが二〇〇円の印紙税ではなく、されど二〇〇円の印紙税なのです。

印紙税の意味を理解することは、キャッシュフロー経営の真髄につながります。税金の重さ、重要性を知ることは、経営者の最重要課題です。

キャッシュフロー経営を重視するなら、決算書は上から読むのではなく、下のほうから読むことが重要です。下に書いてある項目は、キャッシュフロー経営上、最も重要だからです。

印紙税は専門家不在の空白地帯

印紙税は税金ですから、税理士の範疇《はんちゅう》だと思われています。しかし、法律的にいえば、税理士は印紙税の専門家ではありません。「税理士法」という税理士業務に関する法律で、「印紙税は税理士の職務範囲に入らない」と規定しています。

そうだとすると、印紙税も法律の一つですから、弁護士の担当領域になります。ところが弁護士は、印紙税は税法領域で税理士が担当だと思っていますので、弁護士の中にも、印紙税のプロはほとんどいません。

よって、印紙税は経営リスクの一つですが、それをアドバイスできる専門の法律家がいないのが現状です。そうなると実務としては、社長から印紙税について聞かれた税理士も弁護士も、「**印紙税のことなら、国税当局に相談してほしい**」となります。

では、国税当局に相談するとどうなるのでしょう?

国税当局は、もちろん担当なので相談に乗ってくれます。そして、印紙を貼る必要がある場合には、「**これは○○円の印紙を貼らなければなりません**」と言ってくれます。また、印紙を貼らなくてよい場合も教えてくれます。

ただ問題なのは、印紙を貼るべきか、貼らなくてよいのか、グレーゾーンの場合です。

この時に、「**こういう文面にすれば、印紙税はかかりませんよ**」「**こういう書き方にしたら、印紙税が安くなりますよ**」というように、企業側にとってプラスになることを言ってくれることはまずありません。

グレーゾーンの場合には、「**安全を図って、印紙を貼ったほうがいいのではないですか?**」のように言われることが多くなります。

金額が大きな取引の場合や、金額が小さくても作成する枚数が多い文書では、印紙を貼るかどうか、いくらの印紙を貼るかによって、キャッシュの増減にダイレクトに響きます。

先ほどのJ社のように、契約書と思えないようなハガキのお礼状でも、文面によっては収入印紙が必要になることもあります。「修理承《うけたまわ》り票」のほかにも「修理票」「引換証」「預かり証」「受取書」「整理券」という文書も、そこに書いてある内容によっては、印紙を貼る必要のある課税文書扱いになってしまいます。

さらに同じ文書であっても、文面次第で、印紙税を払わなくてもよかったり、一通二〇〇円の印紙を貼らなければならなかったり、一通四〇〇〇円の印紙が必要になることもあります。ですからグレーゾーンの場合には、印紙税の専門家にみてもらう必要があります。

このことは特に、ベンチャー企業や、新しい業態の企業、急速に事業が拡大している企業などでは、印紙税に関する税務調査を経験したことがないので、その怖さを知りません。そのため、各種文書を作成する際に、専門家による指導を受けるという発想すらもっていません。つまり、印紙税が盲点となっています。万が一、税務調査で印紙税の指摘を受けた場合に、想定外の金額の税金を支払うことになります。

文面によって貼るか貼らないかが決まる

入会金などをとって、会員を募集する企業は多いと思いますが、そのような企業を例にとって説明しましょう。

たとえば、入会の申込みと、入会金三万円が振り込まれた際に、「入会のお礼」という通知をハガキで出すとしましょう。

このハガキの文面次第では、ハガキに印紙を貼る必要が出てきます。

図表9～11の（例1）から（例3）において文面が異なるのは、会費の文言の有無と入金に関する記載についての部分です。

（例1）の文面では、入金の確認をしていません。

これは金銭の受領を証明するものではないので、印紙を貼る必要はありません。

（例2）の文面では、会費の入金を確認しています。

これは、金銭の受領を証明する内容になっています。しかし、金額を明記していません。印紙税の法律では、受領の金額がわからない場合には、二〇〇円の印紙を貼るということになっているので、二〇〇円の印紙を貼る必要があります。

（例3）の文面では、三万円の会費の入金を確認しています。

これは、金銭の受領を証明する内容になっているのですが、受領金額三万円の記載があります。受領金額の記載がある場合には、その金額が五万円未満では、課税しないルールになっ

図表９　「ご入会のお礼」のハガキ　（例１）

ご入会のお礼

ご入会いただきまして、ありがとうございます。
二〇一七年一〇月二〇日に会員として登録させていただきました。
会員の皆様にご満足いただけるよう、色々な企画を立ててまいります。
これから、どうぞよろしくお願いいたします。

二〇一七年一一月一五日

〇〇株式会社

図表10 「ご入会のお礼」のハガキ （例２）

ご入会のお礼

ご入会いただきまして、ありがとうございます。
会費の入金も確認いたしました。
二〇一七年一〇月二〇日に会員として登録させていただきました。
会員の皆様にご満足いただけるよう、色々な企画を立ててまいります。
これから、どうぞよろしくお願いいたします。

二〇一七年一一月一五日

〇〇株式会社

図表 11 「ご入会のお礼」のハガキ （例３）

ご入会のお礼

ご入会いただきまして、ありがとうございます。
三万円の会費の入金も確認いたしました。
二〇一七年一〇月二〇日に会員として登録させていただきました。
会員の皆様にご満足いただけるよう、色々な企画を立ててまいります。
これから、どうぞよろしくお願いいたします。

二〇一七年一一月一五日

〇〇株式会社

ているので、印紙を貼る必要はありません。

このように、印紙を貼るかどうかの観点をもって文面をチェックすると、印紙を貼らないで済むことも多いのです。

契約書を海外で作成すると印紙税は不要

他社と新規で取引をする場合、契約書を交わさない会社はほとんどないでしょう。ただ法的には、取引に契約書という形のものが絶対に必要というわけではありません。なくても単に「ない」というだけです。

見積書だけで契約が済んでしまっている業界もあります。相手方との取引の中で、「この状況になったら契約成立」というような慣習《かんしゅう》でやっている場合もあります。実際の商売では、物と金の動きが出てくれば、もうこれで契約が済んでいるというものもあります。本当にさまざまです。

その中で、「契約書を海外で作成すると、印紙税は必要ない」というのはあまり知られていません。

ある大手企業が海外で契約書を作成し、印紙を貼っていませんでした。

契約を交わした会社は、ほとんど日本で取引しています。ですから通常は、日本で契約書を作成し、契約書には印紙を貼ります。ところが、お互いの会社の担当課長が台湾に行き、そこで契約書を作成しました。そうすると、納税地は台湾ですから、日本の印紙を貼る必要はありません。

取引の規模が大きいと、契約書一通に対し印紙税が数十万円かかります。たとえば一億円の契約だと一〇万円の印紙税、一〇億円の契約だと四〇万円の印紙税が必要になります。それが一〇件二〇件と多数になると、航空運賃を払ったとしても、台湾で契約書を作成するほうが安上がりです。

ただ、税務調査の際に、調査官から「こんなことをやるな。租税回避《そぜいかいひ》じゃないか」と怒られたようです。

しかし、海外で契約書を作成することは、本来は自由です。ですから租税回避《そぜいかいひ》を理由として処分されることはありません。とはいっても、その会社としても、この程度のことで国税当局からにらまれることを嫌って、印紙を貼ることにしました。
印紙税に取り組むと、いろいろな実務的な効用があることがわかります。
「たかが印紙税」ですが、「されど印紙税」だといえるのです。

第四章のまとめ

1. 税務調査は怖くない。会社のダメなところを指摘してくれて、成長のきっかけをつくるコンサルタントだと思え。
2. 調査をスムーズにするためにはコミュニケーションが大事。喧嘩腰の対応では状況は悪化するだけ。
3. 「国税通則法」と「税法」を学んでおけば、税務調査官は何ができて何ができないかわかる。
4. いわゆる「おみやげ」は、実際に効果があり有効なことが多い。ただ、先手を打って調査対応していれば必要なし。
5. 管理部門は、効率の高い収益部門。やり方によって、営業では出せない莫大な利益を出すことができる。
6. 専門家が不在で今後問題となる「印紙税」。たった二〇〇円だと思っていると痛い目にあう。

（※27）国税通則法＝国税に関する一般法であり、国税の納付義務の確定、納付、徴収、還付、附帯税、不服審査、訴訟など国税に関する共通事項を定めた法律。国税通則法は、税法の体系的な構成を整備し、国税に関する法律関係を明確にすることを目的としている。なお、附帯税とは、国税のうち延滞税、利子税、過少申告加算税、無申告加算税、不納付加算税および重加算税をいう。

（※28）更正処分＝納税者が修正申告に応じない場合、税務署の職権によって行政処分として一方的に納税義務の変更決定をする手続き。

（※29）修正申告＝所得税・法人税などで、納税者が提出した申告書の内容に誤りがある場合、納税者自ら正しい申告に修正する手続き。

（※30）期ズレ＝決算においてその年に計上するべき売上や経費を、その前年や翌年に計上すること。

（※31）繰越欠損金＝ある年度が赤字になった場合、その赤字を税務上は欠損金といい、次年度以降に繰り越すことができる。繰越欠損金は、翌年度以降、所得を減額し税額を軽減するために使うことができる。九年の期限の制限がある。

（※32）過《か》怠税《たいぜい》＝印紙税を納付する課税文書の作成者が、印紙税を納付しなかった場合、印紙税額の三倍を徴収される。ただし、自主的に不納付を申し出れば、印紙税額の一・一倍になる。

引用：（※２７）についての説明は、『デイリー法学用語辞典』（三省堂編修所編　２０１５）より引用しました。

第五章　社長の個人トラブルを解決する

会社の問題が社長の個人責任に波及

会社が不祥事を起こした場合、会社だけでなく、同時に社長や役員個人が、民事や刑事などの法的な責任を追及されたり、多額の賠償金を請求されるケースが増えています。

群馬にあるE病院から医療情報が漏洩《ろうえい》しました。

個人情報が漏洩《ろうえい》した場合、その情報を基に社会的な差別を受ける影響があるかどうかで、損害賠償額が変わってきます。医療情報は、社会的な差別がないものでも、一人あたり一〇万円以上の賠償額になります。まして、障害や感染症など社会的な差別を受ける恐れのある情報が含まれていると、一桁上の一〇〇万円以上。裁判で一人あたり一五〇万円の損害賠償を認めた例もあります。

多数漏洩《ろうえい》すれば、億単位の損害賠償額になることもあり、その賠償請求先は通常はE病院（医療法人）になります。しかし、最近ではより確実に賠償金を取るための訴訟戦略として、**E病院を訴えると同時に、E病院の理事長や病院長などの個人を被告とする第三者責任の追及もおこなう**ようになってきました。

さらに、内部からも漏洩の責任を問うために、医療法人において株式会社の株主に相当する社員が、株主代表訴訟に相当する社員代表訴訟を起こしてくる可能性もあります。

一般の株式会社においても同じです。情報漏洩《ろうえい》だけでなく、死亡事故や食中毒など、多数の消費者に被害を与える不祥事を起こしてしまうと、数千万円どころか、数億円の損害賠償請求に発展し、社長や役員個人に対する第三者責任を追及される可能性が高まっています。

社長の個人問題が会社の経営危機に

それとは逆に、社長個人のトラブルであっても、会社としての法的問題に発展したり、マスコミに叩かれ社会的信用を失い、会社を危機にさらしてしまうこともあります。

不倫や離婚、事故や事件、さらには社長の病気や、子どもや親族のトラブルなど、「個人と会社は別だ」「家庭は関係ない」「法律には違反していないから問題ない」では済みません。

特に今は、個人の情報を誰でも簡単に手に入れることができ、さらにインターネットなどで不特定多数に発信・拡散できます。

社長が不正やハラスメントをしていたり、仕事といつわって遊んでいたり、不倫をしていたり、家族が事件を起こし警察に捕まっていたり、病気になっていたり……本人が隠したいと思っていることでも、意外と社員もお客様も取引先も、地域の人までも見ています。そして普段は黙っていますが、何かきっかけがあると、その情報を暴露《ばくろ》し拡散させるのです。社長の周りには足を引っ張ろうとしているライバルもいますし、社員や取引先から恨みを買ってしまうと、社長の個人の情報を集めて仕返しをしようとする人もいます。ですから、リスクだと思っていなかったことでも、暴露《ばくろ》され誇張されて広まると、突然リスクになることもあります。それこそ想定外ですが、その想定外が、日常生活にたくさん潜んでいるのです。いつ、どのような形で自分のマイナス情報が表に出るかわからないということを、もっと真剣に認識し、先手の対策を施しておかなければなりません。

リスク回避は社長のアンテナ感度しだい

社長は日々さまざまなリスクを負っています。

しかし多くの場合は、なんとか回避できています。それは、日々の生活や仕事の中でさまざまなリスクに出遭い、解決することでリスク感覚が鍛えられ、より大きなリスクを、より簡単に回避できるようになってくるからです。

ところが、リスク感覚が磨かれていなかったり、今までの経験では対処できない大きなリスクに出遭ってしまうと、解決策を見いだせず、社長個人だけでなく、会社や社員、その家族や取引先までも巻き込んで損失を被《こうむ》ってしまいます。時には致命傷を負って、再起不能になってしまうこともあります。

時代は確実に動いていており、常識や価値観、意識は変化しています。今まで問題なかったことでも、リスクになることもあります。また、一つ一つは問題がなくても数が集まるとリスクになったり、他のものと結びついてリスクになったりします。いつものこと、日常の小さなこと、その中にこそ将来に大きな禍《わざわい》になる大きなリスクが潜《ひそ》んでいるということを知ってください。

たとえ個人的なことであっても、常に自分の意思決定や行動に関してリスク意識をもって、防御を固めておくことが社長には求められます。

ニュースで何かの事件を見たり、社長仲間から「こんなトラブルがあった」などの話を聞いたら、「自分は大丈夫だ。関係ない」と思わず、「自分の身にも起こるかもしれない」と考え、「自分だったらこういうふうに対処する」というようなシミュレーションを常にしてください。そうすれば、いくらでも事前に対策を立てておくことができます。

リスク対策の実務は部下や専門家に任せればいいのです。しかし、最初の「なんとなく怪しげだな」という予感は、社長にしか感じ取れないので、そのアンテナの感度をいかに高めておくかがリスクを回避するのに大事なことです。

自分の身と会社を守るために、それくらいの工夫はしておかなければならない時代になってきています。

社長の離婚＝綺麗な別れ方

実際問題、社長であっても夫婦仲が破滅的な状態になったら、離婚は避けられません。別れるのが一番よい選択肢です。ただ、社長の離婚は、勤め人夫婦の離婚にはない問題が出てきます。

一つは、財産分けの問題です。

財産の範囲が広く高額になるため、適切に評価することが困難です。また、通常は会社名義の財産は分与の対象になりませんが、オーナー企業の場合、会社の財産なのか個人の財産なのか微妙なので判断が難しくなります。さらに、社長の才覚で多くの財産を築いていた場合、一般的な配分ルールである「二分の一ルール」ではなく、財産形成の貢献度によって割合が変わるので、その割合でもめることが多くあります。

次に、奥さんに株をもたせていた場合の問題です。

株の取り決めをせずに離婚すると、奥さんが会社の株をもったままになり、議決権の割合次第では、経営に影響を与えることもできますし、配当も残り、奥さんが株主代表訴訟を起こすことも可能です。社長からすると、もともと自分が渡したのだから、離婚したら奥さんはもう株主ではないと思うかもしれませんが、離婚と会社に対する関係はまったく別物です。株は、会社の存続にも関わる問題です。性格や意見が合わない相手がもっていてもいいことは何もありません。必ず自分の元に集めるようにしてください。

最後は、奥さんが会社で働いている場合の問題です。

奥さんが役員である場合と、従業員である場合によって対応が変わります。役員の場合は、委任契約で任期があるので、任期切れを待つか、会社法による解任手続きをおこなえば役員を辞めてもらうことは難しくありません。

しかし、従業員であった場合はそう簡単にはいきません。従業員は「労働基準法」によって保護されているので、離婚という理由で解雇できません。といって、離婚したあとに同じ会社で働くのは、当事者だけでなく、周りにも気まずい思いをさせるので、離婚する時は退職の話も同時にしなければなりません。

強引に辞めさせると感情的になり、後々「不当解雇」などで、離婚とは別に損害賠償を請求されることになるので、いかに自主的に退職してくれるようにもっていくかが大事です。

他にも、社長の離婚には、紛争に発展しかねない問題が多々あるので簡単にはいきませんが、離婚を決めたら過去に執着せず離婚後の未来を視野に入れて、恨みや怒りの心情が残らないよう綺麗に別れることが大切です。

紛争になる前に弁護士に相談する

弁護士に離婚の相談をする場合、おおむね次の三つのパターンがあります。

一つ目は、離婚を考え始めた段階での相談。二つ目は、離婚を決めてから、どうすればよいかの相談。三つ目は一番多いパターンで、夫婦間で離婚の話をしたけれど離婚条件が合わずに話がこじれて、調停などの法的手続きが視野に入った段階での相談です。

離婚のほとんどは、当事者の話し合いだけで成立することも多いのですが、社長の離婚は先ほど述べたように紛争に発展しかねない様々な問題があるので、できる限り早く弁護士に相談したほうが、有利にことを進めることができます。とにかく相手に先手をとられると、交渉に苦戦を強《し》いられます。

中堅規模の印刷会社Y社の杉山社長（仮名）の事例は、先手をとったほうが強いという典型的な事例です。

私が相談を受けたのは、社長夫人の智子（仮名）からです。智子は、経営には関わりをもたず、専業主婦をしていました。すでに離婚話が進んでおり、条件の話し合いがあったのですが、智子にとって不利な条件なので「巻き返しをはかってほしい」との依頼です。

最初、私は調停を含む交渉ごとすべてを依頼されるものだと思っていたのですが、とりあえず相談にだけのってほしいということでした。というのは智子は、夫の杉山社長から「弁護士に頼むなら、慰謝料として提示した数億円は払わない。徹底的に戦ってやる」と言われ、そのことを極度に恐れていたからです。

智子は生活費を管理する銀行の預金通帳はもっていましたが、その他の銀行通帳や有価証券、不動産などの財産についての情報は一切もっていませんでした。色々な手段で調べてみましたが、杉山社長はたたき上げで地位を築いてきた苦労人だけに、財産を徹底的に握っており、交渉するために必要な財産の情報がまったく手に入りません。早くから弁護士に依頼し、財産の状況がバレないよう防御を固めた上で、離婚話を切り出したようです。

ここまで徹底されると、私がどれだけ動いたとしても、すでに結論が出ているので逆転するのは至難の業です。この案件も、最初に提示された金額にある程度だけ上乗せしてもらうことで、決着させざるをえませんでした。しかし、智子からすると決して納得できる金額ではなかったので、少なからず恨みを残す結果となってしまいました。

このように「離婚を考え始めた段階」から弁護士に相談していれば、杉山社長のように先手がとれて、財産を防御することもできるのです。

ただ私は、この事例のように相手方に恨みを残すような強権的なやり方はおすすめしていません。弁護士ですから、依頼者の要望に応える必要はあります。しかし、要望に応えることが長期的に見て依頼者のためにならない場合は、そのことをしっかり伝えます。因果応報《いんがおうほう》の世の中ですから、長い目で見た場合に恨みを残しては、依頼者にとってもいいことは何もないと信じるからです。

次に二つ目の、離婚を決めてからどうすればよいかの相談では、気をつけなければならないことがあります。それは最初から、「離婚案件が得意な弁護士に相談する」ということです。というのは、今どき離婚の情報はいくらでも得ることができます。興信所や行政書士、司法書士などがホームページで情報を公開していたり、離婚経験のある友人が体験談を聞かせてくれることもあるでしょう。しかし、必ずしも「正しいもの」とは限りません。間違った知識をもとに事を進めると、まとまるものもまとまらず、トラブルにしかなりません。

ですから離婚を決めたのなら、最悪、調停や裁判など法的手続きが必要になった場合に備えて、頼りになる弁護士に相談しておくことをおすすめします。すると、トラブルに発展させないために、何をすべきかを教えてくれるでしょう。

離婚交渉は当事者同士で話さない

最後の三つ目、夫婦間で離婚の話をしたけれど離婚条件が合わずに話がこじれて、調停などの法的手続きが視野に入った段階での相談です。

この段階になると、無理に話し続けても、さらに嫌な思いをするだけで、よい結果が出ることはまずありません。さらに、親や親族まで出てきて「一族」対「一族」の争いになってしまうこともあります。このようになってしまったら、お互い早急に弁護士をつけて、弁護士を通しての交渉に切り替えてください。

両者に弁護士がついている場合、各々の弁護士が直接相手方と話をするのはルール違反になるため、話し合いは、弁護士同士か、そこに依頼者に同席してもらうことになります。

ただし、話し合いの場に双方の依頼者が同席するのはあまりおすすめしません。いがみ合い、ののしり合うだけになったり、沈黙してしまうなど、何ひとつ決まらないことも多いからです。さらに、関係がますます悪化し、解決が遠ざかる結果となってしまいます。

もともと、お互いの考え方や価値観が合わないから紛争が生じているのですから、最悪の場合になっても困惑しないように、あらかじめ「お互いの条件が完全に一致することはない」と思って対応してください。それを出発点とすれば、あとは最悪にならないように、知恵を出して、望ましい決着点に近づけることができます。

もっとも望ましいのは、コミュニケーション能力の高い弁護士同士だけで話し合い、決着

図表12　交渉を綺麗にまとめるための手順

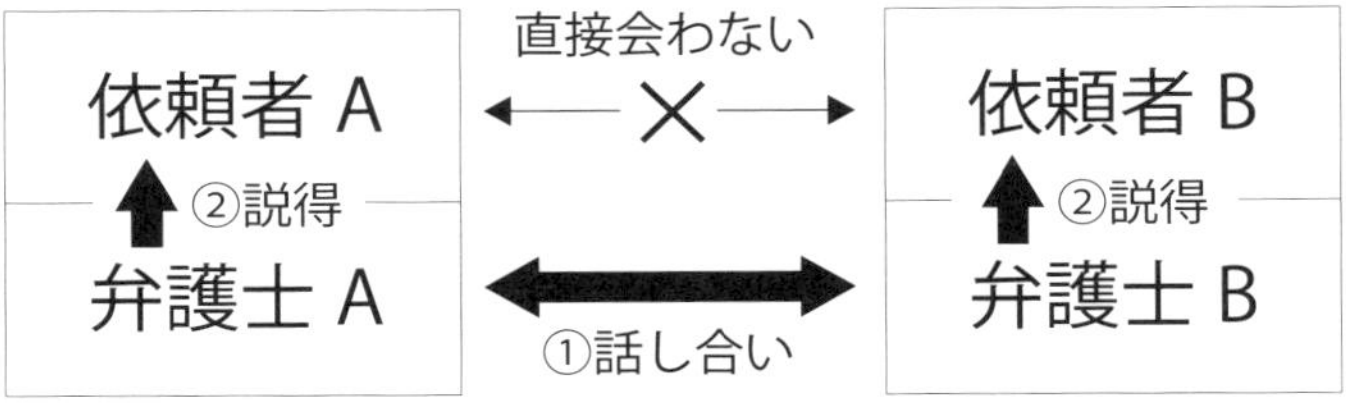

※①②は交渉の順番

させるやり方です。

コミュニケーション能力が高い弁護士は、自分の依頼者の気持ちも、相手方の気持ちも理解できます。また、緩衝装置《かんしょうそうち》の役割も果たし、感情的になりがちな両者の精神的ダメージも減らしてくれます。

弁護士同士だけで何回か話し合いをもてば、お互いの依頼者が納得できる落とし所を見つけることができるので、そのあとで、自分の依頼者を説得し、比較的早い段階で決着をつけることができます。（図表12）

これが離婚交渉を綺麗にまとめることができる弁護士です。つまり、離婚問題に適した弁護士とは、相手をやり込める弁護士ではないのです。

結婚前の「夫婦財産契約」がもめない秘訣

実は、離婚条件については、結婚前に先手を打てば、離婚の時にもめないようにすることができます。日本ではまだあまり使われていませんが、婚前契約ともいわれる「**夫婦財産契約**」です。離婚の多い米国の富裕層の間では一般的なものになっています。

米国の例だと、高齢の実業家が若い女性と結婚する時などに、「離婚の際に、これこれの財産を渡す」という趣旨の契約をしてから結婚します。たとえば、五年以内に離婚した時は一〇〇〇万ドルを渡す、一五年以上続いた場合には財産の三分の一を渡す、というような契約内容です。

この契約のメリットは、離婚の際の財産分与のいざこざを防ぎ、離婚後も恨みが残らないことです。事前の契約で、金額や割合を決めてあるのでスムーズに離婚できます。

今後は日本でも、社長をはじめとした富裕層の離婚は、経営権の問題や事業承継にも影響を及ぼしてくるので、結婚前に「**夫婦財産契約**」を交わすことをおすすめします。結婚前に契約を結ぶだけでも、円満な形で離婚問題を解決できるようになります。

通常は年を取ったり、死を意識した時に、ようやく相続や遺言で財産の配分などを考えますが、ここでも先手必勝が重要です。

さらに「夫婦財産契約」は、お互いに十分な話し合いをして、未来に起こるかもしれないリスクを考慮しているので、かえって円満な夫婦・家族関係が続く効用もあります。

夫婦仲の悪化も経営リスク

社長夫婦の場合、仲が悪くなるだけでも経営のリスクになる場合があるので、気をつけなければなりません。

中小企業では、社長の妻が役員として、少なからず株をもっている場合が多いです。通常は何の問題もありません。しかし、夫婦の仲が悪くなった場合、妻が役員であったり、それなりの比率の株をもっていることで、経営問題に発展する場合があります。序章で述べた、妻にM&Aを反対され、話が頓挫《とんざ》したのもその一つです。

また、社長とその妻が、後継者の人選でもめている時に、社長の急死で想定外の相続が起こり、後継者だった長男が経営権を失った会社もあります。

株は社長が六〇%、後継者の長男が三〇%、社長の妻が一〇%もっており、次男には相続でもめないようにと、株を渡していませんでした。(図表13)

図表13　オーナー社長の急死で、経営権を失う後継者

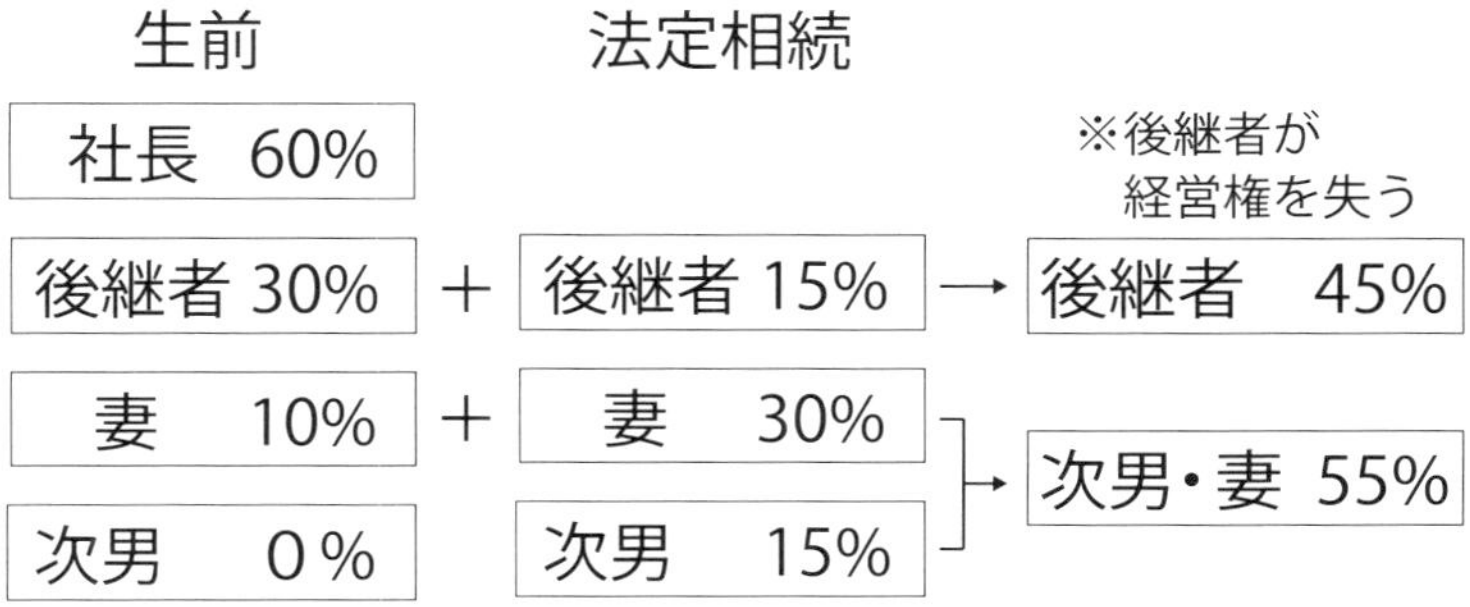

後々、長男が社長から株を譲り受け、経営権を掌握《しょうあく》することになっていました。しかし、社長の妻は長男の嫁が嫌いで次男に会社を継がせたいと思っていたので、次男に株を渡さないのも、会社に入れないのも不満で、社長と常々争っていました。

そんな中、社長が遺言書を残さず急死したので、法定相続となりました。

つまり社長の妻が三〇％、後継者の長男が一五％、次男が一五％の株を相続しました。そして社長の妻が次男側についたので、株式の比率は、後継者の長男が三〇％＋一五％＝四五％、次男側が四〇％＋一五％＝五五％となり、次男側が過半数の株を支配し、経営権を獲得しました。これは意外に多いパターンです。

もう一つは、家族間における人間関係をしっかり掌握《しょうあく》し

図表 14　取締役の交代

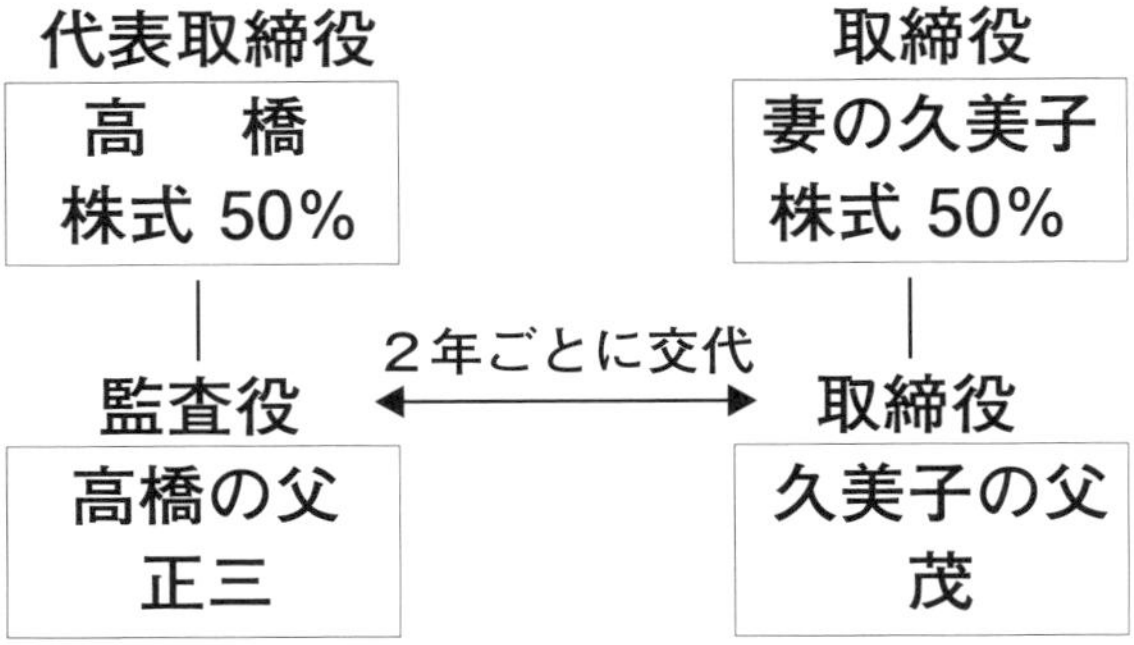

ておらず、株や役員構成を軽視していたため、奥さんの一族に会社を追い出された社長の例です。

高橋社長（仮名）とその妻の久美子（仮名）は、五〇%ずつの出資で会社を創業しました。規模は大きくはありませんが、妻の久美子に特殊な技能があるため、収益率が高く、毎年、かなりの純利益が出ていました。事業が軌道に乗ってくると、高橋社長は高額な報酬を取るようになり、さらに派手な夜遊びをするようになりました。女性関係のトラブルも一度や二度ではありません。

創業当時は高橋が社長で、取締役は久美子と高橋の父親の正三（仮名）、監査役は久美子の父親の茂（仮名）と顧問税理士でした。

この会社では、創業当時からお互いの家族の平等を図《はか》る目的で、正三と茂は二年ごとに取締役と監査役を交代

していました。この経営体制で一〇年が経過し、正三が監査役になり、茂が取締役になりました。（図表14）

その直後に経営体制に大きな変化が起きました。

久美子は、高橋社長の夜遊びや女性関係を腹に据《す》えかねていたのでしょう。父親の茂と組み、取締役会で夫の社長解職を決議し、非常勤の取締役にして報酬を大幅に減額しました。そして、新しい代表取締役社長には久美子自身が就任しました。

もし高橋が五一％以上の株をもっていたのなら、株主総会で解職に対する報復措置として久美子と茂を取締役に選任せず、社長に復帰することも可能でしたが、株は五〇％ずつなので、それもできません。「お互い平等に」というのがここにきて裏目に出ました。

さらに久美子は高橋に、離婚と、高橋が保有している株式の買い取りを申し出ました。お客様や取引先は、久美子の技能があれば高橋がいなくても会社として問題がないと判断したのか、誰も異議を唱える人はいません。

結果、報酬を大幅に減額され、信頼も失い、交友関係にも支障が生じていた高橋は、最後には根負けして離婚と株の売却を承諾《しょうだく》しました。仲が良い時に決めたことは、仲が悪くなった時にトラブルになることがあります。ですから社長は冷静になって、相手を見てのことですが、「仲が悪くなった時」のことも必ず考えて、意思決定をしておく必要があります。

政治家・官僚と友好的な関係を結ぶ

建設や運輸、通信、医療、介護、人材紹介、飲食、学校…など多くの事業は、その業界特有の法律や制度と密接に関係しています。そのため、ふだんから政治家や官僚、行政官と友好的な関係を築いておく必要があります。

政治家や官僚との友好的な人脈は、有用な情報を入手できるルートであり、会社を救い、業界をも救ってくれるからです。

たとえば自社に密接に関係する新しい法律ができる時に、その詳細について官僚から話を聞きたいとします。もちろん、窓口に行けばそれなりのことは教えてくれますが、実際に法案づくりに携わった官僚を政治家ルートで紹介してもらえば、より詳しい具体的な話を聞くことができます。

しかし、政治家や官僚に、自社にだけ便宜《べんぎ》を図ってほしいと頼んだりするような行為は、警察やマスコミに知られた場合、痛い目にあうでしょう。さらにいえば、そのような要求をしてくる人を、自己保身が強い政治家や官僚が、相手にするはずがありません。

政治家や官僚などの公務員との付き合いで一番気をつけなければならないのは、やはり金銭が絡む問題です。

金銭問題の取り扱い方を少しでも間違えると、企業側も、政治家・官僚側も、マスコミの餌食《えじき》になって、最悪の場合は刑事罰を受けることになります。特に、政治家との関係では、「公職選挙法（※33）」「政治資金規正法（※34）」などに違反しないよう、十分すぎるぐらいの注意が必要です。

たとえば、「政治資金規正法」では、政治家への限度額を超えた寄附《きふ》を禁止しています。ところが、「どうしても、ある政治家に依頼され多額の現金を渡す必要があり、政治資金規正法に違反しない方法を考えてほしい」と依頼してきた社長がいました。

私が考えたのは、金銭の返還義務を負う「利息付きの貸付」という形で渡す方法です。それなら、限度額を超えても法律には違反しないからです。

たとえば、政治家が所有する土地に担保を設定し、金銭貸借の契約書も交わして、貸付の事実を整えるのです。このやり方だと、無償で金銭授受をおこなうことを禁じる法律の趣旨に反しないので、政治資金規正法の限度額以上の金銭を渡しても違法にはなりません。

ところが、この社長は、「その金額では足らない。もっと何とかならないか」と言ってきました。しかし、貸付という形をとっている以上、渡せる金額はその政治家の返済可能な金額でないと違法と判断される可能性が高くなるので限度があります。

結局、その社長の依頼は、お断りさせていただきました。弁護士である以上、違法行為はできません。やれば、自分も相手も窮地《きゅうち》に陥《おちい》ることになります。

ネットの風評《ふうひょう》が社長と会社の信用を脅《おびや》かす

ネット社会の現在、無限に近い情報が交錯し、誰でも簡単にその情報にアクセスする時代になりました。その効用は大きなものがありますが、望ましくない情報も大量に流されていることもあり、ネット上の誹謗中傷《ひぼうちゅうしょう》や風評《ふうひょう》で名誉毀損《めいよきそん》や実害を生じる事例が増えてきています。

機械部品の製造業を営むI社では、営業担当者及び技術者の採用に力を入れていました。

コストをかけて多くの人材と面談し、ようやく大手企業の優秀な営業担当者であった三浦氏(仮名)に内定を出しました。

当初、三浦氏は、入社する方向で話は進んでいましたが、ある日突然、内定を辞退する旨の連絡が来ました。採用担当者が三浦氏に話を聞いてみると、その理由を次のように話してくれました。

「妻が『I社はネットでの評判がすごく悪いから、入社するのは止めてほしい』と言うのです。私はあまり気にしませんが、家族が反対するのに強引に就職するというのは避けたい。それで辞退することに決めました」

採用担当者が急いでネットを確認してみると、転職サイトや匿名掲示板で、I社に対して、様々な誹謗中傷《ひぼうちゅうしょう》がなされていることがわかりました。

「社長はボンクラで、経営能力なし」

「ブラック企業。黒すぎてあらゆる光を吸収するブラックホール」

「パワハラ、セクハラし放題の無法地帯」

「下請けを奴隷のように使いトラブルばかり」

「離職率が高すぎる」

など、言いたい放題でした。この書き込みを見た三浦氏の妻が、入社を止めてほしいと言った気持ちもわかります。

書き込みに気づいたＩ社は、顧問弁護士である当事務所に相談に来ました。様々な検討をした結果、「誹謗中傷《ひぼうちゅうしょう》を書き込んだのは、ある特定の人物ではないか」との疑いが出てきたので、書き込んだ人物を特定するために、「**発信者情報開示請求**」等の法的手続きをおこないました。

その結果、やはり書き込みをしたのは疑っていたとおり、最近Ｉ社を退社した元社員だとわかりました。在職時の仕事のミスについて、上司から厳しく注意されたことを逆恨みし、その恨みを晴らすためでした。

その後、偽計業務妨害罪《ぎけいぎょうむぼうがい》（※３５）で告発しないことと引き替えに、Ｉ社に対する誹謗中傷《ひぼうちゅうしょう》の書き込みをすべて削除させ、二度と書き込まない旨の書面を提出させました。

三浦氏の妻がそうであったように、最近は、相手を知るための手掛かりとして、ネットの書き込みや評価を見ることが通常になっています。

したがって、会社の内情の暴露《ばくろ》であったり、誹謗中傷《ひぼうちゅうしょう》の書き込みがネット上に流れていると、人材採用、新規の取引、銀行融資など様々な企業活動に支障や実害が生じることがあり、無視できないリスクになっています。

国や行政官もネット掲示板やＳＮＳを監視

顧問先の企業で、社内通報の仕組みを通して、取締役の片岡氏(仮名)がパワハラを繰り返しやっているという告発がありました。暴力こそなかったようですが、聞くに耐えない言葉での誹謗中傷《ひぼうちゅうしょう》などが繰り返しあったという内容です。

会社の要請で、当事務所の弁護士が片岡取締役と被害者、さらに周囲の従業員たちの聞き取りをすると、通報された内容は正しいことがわかりました。その結果、会社としては、被害者の従業員に対しては深く謝罪するとともに、慰謝料を支払うことで納得してもらいました。その際、覚書《おぼえがき》を取り交わし、後日、問題を蒸し返さないような対処もしました。

他方で、片岡取締役にも被害者の従業員に対し直接謝罪してもらい、同時に、常勤の取締役を解職し非常勤としました。その上で、営業能力が高く会社の成長に大きな功績があったため、あらためて子会社の取締役として活躍してもらうことにしました。

それぐらい厳しい処分をしないと、被害者の従業員の納得が得られなかった場合、匿名掲示板やSNSで拡散されたり、労働基準監督署にかけ込まれ、マスコミに知られるなど、問題がさらに大きくなる恐れがあります。この企業は、社会的に知名度が高いので、被害者の従業員が怒りを爆発させると困るというレピュテーションリスクがあると判断したための措置《そち》でもあります。


現在の社会はインターネット社会となったために、ある人物が企業に反発し怒りを爆発させると、インターネットを活用して、企業を追い込むような情報を流すことがあります。

たとえば、「5ちゃんねる（※36）」などの匿名掲示板、「ウィキリークス（※37）」などの内部告発サイト、Twitter などSNSの書き込みで、その企業の社内の不正を告発したり、企業の内部者しか知りえない内部事情などを流します。匿名《とくめい》なのでかなり本音で書かれていることも多いのです。

このような情報は、マスコミはもちろん、警察、税務署、労働基準監督署、医療関係の行政庁なども見ています。その情報が内部者しか知りえないものである場合には、その信ぴょう性は高いものになります。このような情報を基にして、行政官が動くこともあります。つまり、様々な組織が、情報収集の一つとしてインターネットを活用していることを忘れてはなりません。

さらに行政は、職員を増やせない財政状況のため、積極的にＡＩを使って個人や企業などに関する膨大なデータを集積・分析して、調査対象を絞り、的を射た調査を展開してくる可能性があります。

たとえば税務調査などでは、膨大なデータ間における矛盾点を探り出し、仮装隠蔽《かそういんぺい》を探り当てたり、隠し財産の所在までつかむようになっていくでしょう。そして、脱税の疑いのある個所を指摘し、優先順位を決めて税務調査の指示を出す時代が到来します。

これは、「**隠し事は必ず発覚する！**」という社会が到来する可能性があることを示しています。

ですから社長としては、情報漏洩の脅威《きょうい》が、一〇年前、二〇年前どころか数年前とまったく違う状況にあることを知らなければなりません。不正や問題をごまかそうとしてウソをついたとしても、調査官はすでに様々なところから情報を得ていて、裏を取っていると思ったほうがいいかもしれません。

また、行政側はインターネットによる情報発信も積極的に活用しています。

その一つが、通称「**ブラック企業リスト**」と呼ばれるものです。「長時間労働」「低賃金」「安全対策不備」など労働問題で書類送検されると、厚生労働省のホームページに「**労働基準関係法令違反に係る公表事案**」として、企業名や所在地、事案の概要などを、社会的制裁として公開するので、大変不名誉なことです。

毎月更新されており、一度公表されると最低一年間は消滅しません。改善すれば一年で消えますが、改善できていなければ次の年も、さらにその次の年も開示され続けます。

インターネット上に公表されているので、誰でも見ることができます。検索サイトなどで検索すると出てきてしまいます。そのため、就職活動中の学生が調べたら、怖くて応募してこないでしょう。優秀な人材が採用できなくなってしまいます。また、問題がある企業として、取引が不利になる場合も出てくるかもしれません。

今は情報時代、インターネット時代だということを忘れないようにしてください。会社にしても社長個人にしても、掲示板やＳＮＳに書き込まれて困るようなマイナスのネタをつくらないようにするのが、先手必勝の一番の防御策になるのです。

ネット被害を抑える六つの対策

ネット上に誹謗中傷《ひぼうちゅうしょう》や暴露《ばくろ》等を書き込まれてしまった場合、適切に対応するにはどのようにすればよいでしょうか。次の六つが考えられます。

①無視（何もしないで放っておく）
②反論
③削除請求
④発信者情報開示請求
⑤損害賠償請求
⑥刑事事件としての対応

法的な手続きとしては③から⑥までですが、はじめから法的手続きが適切とは限りません。
①から⑥までの内、どの対応がもっとも適切かは、具体的内容や会社の事情などを考慮して

決めます。通常は、すべての手段を事案に応じて組み合わせて活用します。以下に、各々の手段について説明します。

①無視（何もしないで放っておく）

もっとも多く使われる対応です。この道のプロの弁護士ほど、無視から入ります。

無視とは、ただ何もしないのではなく、誹謗中傷《ひぼうちゅうしょう》の書き込みが、勝手に拡散していくかどうか様子を見るということです。これはインターネットの特性を理解した上での対応です。

たとえば、書き込みが単発の場合は、削除などの対応をとることにより書き込んだ者を刺激し、再度の書き込みを誘発してしまいます。その結果、逆に情報が拡散し、最悪、炎上（※38）という事態になる可能性が高まります。それを避けるためには、無視するのが一番です。

ただ、新たな書き込みが続々と投稿された場合や、実害が生じているような場合は、ある程度の期間、様子を見てから、次の対応に入ります。

②反論

誹謗中傷《ひぼうちゅうしょう》を書き込まれた側の立場からすれば、自身の正当性を主張するために反論したいと考えるのは当然です。しかし反論は、ほとんどの場合、適切な対応とはいえません。下手に反論すると、むしろ相手を刺激することになり、被害が拡大することが多いからです。

ただ、「商品に有害物質が入っている」といったような顧客の生命身体の安全に関わるような虚偽《きょぎ》の情報が拡散している時には、自社のウェブサイトや新聞などの媒体を利用して、正しい情報を出していかなければなりません。

③削除請求

削除の方法は、次の二つです。

一つは、掲示板等の運営会社に直接依頼する方法です。早ければ数日で削除することが可能ですが、ほとんどの場合、応じてくれる会社はありません。

そのため、現実的にはもう一つの方法、裁判所に投稿記事削除の仮処分命令（通常の裁判より迅速な法的手続き）を申し立てます。書き込みによる権利侵害が認められれば、強制的に削除させることが可能になり、数週間から二カ月前後で削除されます。しかし、運営会社やサーバーが海外の場合は、半年から一年と、かなり長期間を要する場合もあります。

ただ、書き込みを削除してしまうと、管理者のログ（書き込みの記録）も削除されてしまい、書き込んだ者を特定する「発信者情報開示請求」ができなくなってしまう可能性がありますので注意が必要です。

④発信者情報開示請求

匿名の書き込みについて誰が書き込んだか特定したい場合に、掲示板の運営会社に対して情報の開示を求める制度です。

書き込んだ者に対して差止請求や損害賠償請求をおこなったり、刑事上の責任を問う時に捜査機関に対して告訴・告発をおこなったりするためには、書き込んだ本人を特定しなければならないので、それを可能にする手段です。

発信者情報開示請求も、掲示板の運営会社等に直接おこなうこともできますが、一般的にその会社が応じてくれることはありません。そこで通常は法的手続きをとることになります。

開示請求の一般的な流れとしては、まず、運営会社（ブログ（※３９）、掲示板、ＳＮＳ（※４０）の運営者など）を相手に仮処分の申し立てをしてＩＰアドレス（ネットワーク上の住所や電話番号のようなもの）を開示してもらい、その情報をもとにプロバイダ（インターネット接続事業者）に対して書き込んだ者の氏名・住所等の情報開示を請求する訴訟を提起することになります。通常、最初の手続きから九カ月から一〇カ月くらいの期間が必要となります。

⑤損害賠償請求

誹謗中傷《ひぼうちゅうしょう》の書き込みにより、名誉を傷つけられたり、損害が発生した場合、書き込んだ者に対して、「不法行為に基づく損害賠償請求」をすることができます。書き込んだ者を特定する必要があるので、必ず事前に「発信者情報開示請求」をおこないます。

ただ、掲示板等の運営会社によって異なりますが、ＩＰアドレスなどのログ（書き込みに関する記録）を約三カ月程度しか保存していないところが多いため、書き込みから長期間経過している場合は、発信者情報がなくなっている場合があるので注意が必要です。

⑥刑事事件としての対応

書き込みが特に悪質な場合は、名誉毀損罪（※４１）や偽計業務妨害罪などの刑事事件として警察に告発するという対応が必要な場合もあります。ただ、名誉毀損罪を理由に警察が捜査を開始するのは、かなり内容が悪質で頻度《ひんど》も高い場合であり、通常はこの段階に行くことはありません。

以上のように、様々な対応策をとることができますが、一度拡散した情報をすべて削除することは不可能に近いといえます。また、自社にマイナスなことが書かれていても、それが真実だった場合、法律上「権利の侵害があった」とはいえないので法的措置をとることができないこともあります。

結局のところ一番の対応策は、そのような書き込みをされないように社内の体制を整え、社員や取引先との関係を適切に保っておくという事前の予防につきます。

ただ、会社に落ち度がなくても、誹謗中傷《ひぼうちゅうしょう》をおこなう悪意ある者がいるのも事実です。

通常の弁護士では適切な対応ができないので、その道の専門の弁護士に少しでも早く相談するようにしてください。当事務所でも、企業や経営者のインターネットトラブルに即応できるよう、専門弁護士を入れて強化しました。

他社で修行中の息子が出社拒否に

息子を後継者にする場合、すぐに自社に入れず、海外に留学させたり、他社で数年「他人の飯」を食わせるなど、経験させてから自社に戻すことは多いと思いますが、次のようなことがありました。

五年ほど前のことです。長野県の食品メーカーQ社の大野社長(仮名)も、都内の大学を出た息子の洋一(仮名)をすぐに自社に入れず、そのまま都内にある取引先の食品商社のU社に就職させました。U社では、営業部に配属になりました。

その年の一〇月半ばのことです。U社の総務部長から、大野社長に、「洋一君が、この一週間出社してこないので、困っている」と電話がありました。

この電話を受けて、翌日、大野社長が上京し、洋一のアパートに行きました。部屋の中は、プーンと何かが腐っているような臭いがし、お菓子やカップラーメン、ペットボトルなどのゴミの中に、洋一が無気力な状態で座っていました。この一週間まったく部屋から出ることはなく、食べ物はインターネットの通販で購入し、ゲームで時間をつぶしていたようです。

話を聞くと、ぼそぼそと次のように答えました。

「担当していた会社から僕に対するクレームがあり、上司から、今まで経験したことのないほど厳しく叱られた」

そのことがきっかけになったようで、

「仕事に行こうとすると頭痛や吐き気がした」

「病院に行ったが『特に異常はない』と言われた」

「二日休んでしまったら、もう会社に行けなくなってしまった」

それだけ言うと、洋一は、また黙りこんでしまいました。


大野社長は、U社に洋一の様子を報告した後、私の事務所に来られました。

「私が厳しく叱ったこともないので、叱られたことがショックだったのかもしれません。甘く育てた私の責任ですね」と語り、今後どうするかの相談になりました。

当事務所でも、敗訴判決で自信を失い、裁判所に提出する書面が書けなくなった弁護士がいました。その時は、本人と相談し、しばらく仕事を休んで環境をガラリと変えることをすすめました。その結果、精神的に立ち直り、現在は、他の事務所の中堅弁護士として立派に業務をおこなっています。精神の立て直しには、環境を大きく変えることがいい場合があります。

反対に、現在の環境の中で立ち直ることができるなら、それがもっとも望ましいことも確かです。私は、大野社長に次のようにアドバイスしました。
「洋一君を長野に連れて帰るのも、一つの解決策ではあります。でも、洋一君が自ら頼ってこない限り、放っておくのが本来の筋です。後継者としてこれからも様々なトラブルに見舞われ、様々なストレスに晒《さら》されるでしょう。そのたびごとに、父親が何とかしてくれる、逃げればよいと思ってしまったら、洋一君の成長はありません」

いずれがいいのかは、一概には言えません。本人の病気の状態と精神を回復させるに相応《ふさわ》しい環境があるかが重要になります。元気さえ戻れば、新しい環境でも、元の環境でも、正常な状態で戻ることができるからです。

その意味では、心の交流ができる人がいれば、その人と話をする過程で、元気を取り戻すことができるでしょう。また、聖書などの精神を救ってくれるヒントが書いてある書物を読むとか、元気が湧いてくるような本を読むのもいいと思います。それらの本の中の一節に目がとまり、そこから元気を取り戻すきっかけを得ることもできます。

このように、時間をかけて、じっくりと精神状態を元気にすることが大切です。そこで学び、また身につけたことが、むしろ、その後の人生をより良いものにする可能性もあります。

不健全な精神状態を経験し、それを克服した経験は、その後の人生を明るくする源にもなります。

そのためには、現状の精神状態がどうなのかを、ある程度、知っておく必要があるので、心療内科で診てもらってください。肉体的に異常がないのでしたら、頭痛や吐き気は精神的なものでしょう。精神的な疾患はその人の状況や症状によってカウンセリングや治療法も変わってくるので、素人判断せずに専門家に診てもらうことです。素人診断が一番危険です。

その診断を基にして、専門医の意見を聞き、その後どうするかを考えればよいと思います。洋一の場合には、U社に状況を説明し、しばらくは休職させましたが、長野に連れて帰らず東京で治療することにしました。

担当の専門医、U社、そして家族のサポートで、三カ月かかりましたが完全に職場復帰することができました。そして、約束の三年間をしっかりと勤め上げたので、U社に対して信頼を損なうこともありませんでした。

現在は、父親の食品メーカーQ社に戻り、営業の責任者として一〇人の部下を率いています。洋一は「出社ができない時は本当に辛かったけど、逃げなくてよかった」と言っています。これから役員、さらには社長になっていくにあたって良い経験になったと思います。

失敗も、劣悪な精神状態も、鳥の目で上空から見れば、いずれも貴重な経験であり、まったく恥じることはありません。むしろ、それは天の与えた贈り物であり、他の大勢の人が経験しないことを体験したとして、喜んでいいことでもあります。その経験から大いに学ぶことがあり、明るい未来の実現に生かすことができるからです。

早めに手を打てば破産もチャンスに変わる

アマゾンの創業者であるジェフ・ベゾス氏の決断の指針の一つに、「**失敗の達人になること**」というのがあります。事業に失敗はつきものですから、むしろ失敗は積極的にするほうがいい、ただし、それに適切な対応ができる経営者でないと、その後の挑戦ができない、という発想です。

この言葉は、不透明感が強い現在の経営環境には適切な言葉だと思います。

失敗を恐れて行動しなければ、成功を手にすることはできません。そうであるなら、むしろ失敗を受け入れて、その経験から実践的に学び、活かすことを考えて行動すべきです。

社長は常に、夢をもち、計画を立て、それを実行し、失敗すればそれから学び、飛躍できるように挑戦を続けています。しかし、その過程で「万が一」に遭遇し、打つ手がなくなり、最後には会社をたたむことを考える必要がある場合も出てきます。そのとき考えるべきは、早い段階での倒産を決断することです。同じ倒産でも、早い時期の倒産と遅い時期の倒産とでは、その後に、大きな違いが出てきます。

破産を免《まぬが》れない場合、決断が早ければ早いほど、さまざまな手を打つことができ、周囲に与えるマイナスの影響を最小限にすることができます。そのため、それなりの信用性を確保でき、再起の可能性を残せます。反対に、破産を避けてギリギリまで粘り、借金まみれでヘトヘトになり、信用もガタ落ちになってからの破産では、もう再起の可能性は残せません。ビジネスの基本は信用ですから、信用を失ってしまったら終わりです。「万が一」の時こそ、早く撤退を決断できる社長が、たとえ失敗したとしてもそれを糧に再起を図り、成功に繋《つな》げていけるのです。

ところが、私のところに相談にくる事業に失敗した社長のほとんどは、すでに債務超過《さいむちょうか》となり、再起不能の末期的状態で、精神もボロボロになっていることがほとんどです。その時に弁護士にできることは、会社をたたむための手続きぐらいしかありません。最悪は、破産や清算もできない場合もあります。破産にも、清算にも、それなりのお金がかかるからです。ですから、そこまで追い詰められていない段階で、相談に来てほしいのです。そうすれば、いくらでも打つ手はあります。事業を止めるなら、見切りは早いほうがいいです。

私が担当した清算の案件に、千葉県の酒造会社S社があります。

S社が製造する日本酒は、知名度があり美味しいと評判でした。しかし、若者の日本酒離れが大きく影響し、売上減少に歯止めがかからずピーク時の三分の二まで落ち込んでしまいました。そこで、大株主であり、同時に大口の債権者だった石川氏（仮名）が、会社が破産したら取れるものも取れないという理由で、S社の酒井社長（仮名）に、「財産がまだ潤沢な今のうちに会社を清算してほしい」と通告してきました。

しかし酒井社長は、まだ業績を上げられる可能性がある、何よりも、伝統ある酒蔵と従業員の生活を守るためにも経営を続けたい、と思っていました。そこで私に、石川氏と交渉してほしいと依頼がきました。

石川氏は最初、「早く清算して、お金を手に入れたい」の一点張りでしたが、交渉を続けると、自身の債権の安全を図りたいだけ、ということがわかりましたので、別の手立てを考えました。

具体的には、他の酒造会社にS社を買収してもらうことを提案したのです。他方で、石川氏に対する債権は、買収先の会社から資金の提供を受けて弁済することで納得してもらいました。さらに買収先の会社に、従来の経営陣、従業員をそのまま残し経営することを了承してもらいました。

もともとS社の商品は素晴らしいので、買収先がもっていた広い販路を有効に使い、数年で業績がピーク時近くまで回復しました。三者とも非常に満足する結果になった珍しい例です。

これは、まだ窮地に陥っていない段階で、株主が強引に会社を清算しようとしたのを阻止した案件ではありますが、たとえ経営状態が良くなくても、余裕がある段階だと、S社のようにいろいろな策がとれるという例です。

つまり、破産の問題もこれと同じで、早い段階なら、チャンスにすることもできるのです。

特に、顧客基盤のある事業があり、信用が残っている場合には、支援者や協力者が現れて、民事再生や私的な整理で再起させられる余地もあります。

当事務所の事務長をしていた人は、今、この分野で大活躍しています。在所中に、一〇〇件以上の破産会社の建て直しを担当して、その分野の専門家となり独立しました。今はさらに知名度を上げ、その道の第一人者として大活躍しています。今でも破産案件だと一緒に仕事をする場合があります。彼は、問題の会社の業界を詳しく調べ、現状分析をして、私から見ても、実に的確な再建策を提案できるコンサルタントとして手腕を発揮しています。

ここで、一つ忘れないでほしいことがあります。「破産」というのは、死刑宣告ではありません。あくまで破産者に救済の機会や再起の機会を与えるものだということです。それを活かして、何があっても、何度でも再起していただくことを望んでいます。

第五章のまとめ

1. 会社の問題で社長の個人責任まで問われ、社長個人の問題が会社の危機に発展してしまう時代になった。

2. 社長の新たな結婚の形＝「婚前契約」があれば、離婚時に財産、子ども、事業承継でもめることがない。

3. 会社の発展や救済には、政治家や官僚との付き合いは必要。しかし金銭の扱いを間違えると破滅する。

4. 新たなリスク「インターネット上の誹謗中傷の書き込み」に対応する六つの方策。

5. 社長だけではなく、社長の家族や身内に問題があっても、会社の信用を傷つけることがある。

6. 失敗しても信用を失わなければ再起はできる。多くの失敗にめげず、失敗に学ぶ社長だけが大きな成功を手にできる。

（※３３）公職選挙法＝わが国の衆議院議員・参議院議員および地方議会議員選挙に関して、選挙方法等を定めた基本法。公務員の選挙に関しては、財産の多寡に関係なく（普通選挙）一人一票の投票権をもち（平等選挙）、誰に投票したのかを知られることはない（秘密選挙）という権利が、選挙権として憲法によって保障されている。公職選挙法は、憲法の規定を受けて、選挙権・被選挙権を有する者は誰か、投票や開票の手続き、選挙運動に関する事柄などについて、具体的な規程を置いている。あわせて選挙の効力に関する訴訟手続きや罰則などについても規定している。

（※３４）政治資金規正法＝政治活動に使われる資金について規定した法律。政治活動に関する収支の報告の義務づけ・公開や、政治献金について対象者や量的な制限を規定することによって政治資金を規正している。規正の対象は、政治団体および公職の候補者で、政党、政治資金団体、議員および候補者等がこれに当たる。平成一二年の改正で企業・団体から政治家個人への献金は禁止され、政党・政治資金団体に対する年間限度額も制限されている。

（※３５）偽計業務妨害《ぎけいぎょうむぼうがい》＝偽計を用いて他人の遂行すべき業務を妨害する罪。嘘の注文で配達をさせる類。

（※３６）5ちゃんねる＝政治や経済、趣味や実況など、合法違法を問わず、あらゆる情報が書き込まれているインターネット上の掲示板。「2ちゃんねる」と呼ばれていた掲示板が二〇一七年に名称変更。

（※３７）ウィキリークス＝政府、企業、宗教などに関する機密情報を、匿名で内部告発するインターネット上の掲示板。二〇〇七年のイラク戦争の際に米軍が市民を銃撃殺傷した映像を公開し一躍有名に。

（※３８）炎上＝インターネット上で、ＳＮＳの記事などに対して多数の批判が殺到して収拾できなくなること。

（※３９）ブログ＝weblog（ウェブ・ログの略）。ウェブサイトの一種。個人や数人のグループで運営される日記形式のもので、情報提供や意見交換などのコミュニケーション機能が付加されている。

（※４０）ＳＮＳ＝（social networking service）インターネット上の会員制サービスの一種。友人・知人間のコミュニケーションを円滑にする手段や、新たな人間関係を構築する場を提供する。企業や政府機関でも情報発信などに活用される。

（※４１）名誉毀損罪＝他人の社会的評価を低下させること。ここにいう社会的評価とは、外部の者から客観的に下される評価を指し、人が自分自身に対してもっている主観的な評価（名誉感情）は含まないと考えられている。たとえば、Ｂが、Ａが会社の金銭を横領しているという虚偽のうわさを流すことなどが挙げられる。民法上、名誉毀損は不法行為にあたるとして、損害賠償請求や差止めを求めることができると考えられている。また、名誉を回復するための処分として、謝罪文の掲載などを求めることができる場合もある。なお、刑法においても、人の社会的評価を害するような事実を、不特定多数の者が認識できる形で示した場合は、名誉毀損罪が成立すると規定している。

引用：（※３３）（※３４）（※４１）についての説明は、『デイリー法学用語辞典』（三省堂編修所編　２０１５）より引用しました。

（※３５）（※３９）（※４０）についての説明は、『広辞苑（第七版）』（岩波書店　２０１８）より引用しました。

第六章　経営参謀としての弁護士の選び方

社長の夢を実現させるのが経営参謀

これまで繰り返し述べてきたように、トラブルの大半は、起こってからどのようにして解決するかではなく、事前に手を打っておくことで、ほとんどは回避できるということがわかっていただけたと思います。また、たとえ争いになったとしても、先手が打ってあれば簡単には負けることはありません。

中小企業が、安心・安全の経営を実現するためには、経営の実務がわかり、法律を「先手」で使いこなせる弁護士を身近に置いてください。むしろ、社内に法律のわかる人材がいない中小企業のほうが、法的リスクの高い経営を強いられているので、必要の度合いは大きいといえます。

そして、弁護士との付き合いの中で、社長が事業としてやりたいことや私的な悩み事を気楽に相談できる関係になれれば理想的です。

弁護士になった頃の私は、法律相談があればすぐに自分の知識をひけらかすようなところがありました。未熟で、役に立たない知識の切り売りをしていたようなものです。実務が伴わず、自信がないために自分を偉そうに見せようとしていました。

すべて、法律と前例の中に答えがあると思い、答えを出す手がかりとなる法律と前例を探し出し、それを相談内容にあてはめ、「適法です」「違法です」と結論を出すことが、弁護士の役割と思い込んでいました。

弁護士の本来の役割が、「**相談者の立場に立ち、何に困り、何をしたいと思っているのか受けとめて、困っていることを取り除く。あるいは、したいことを実現する方策を立てる**」ということだと気付いていなかったのです。

経営者の話をじっくりと聞かなければ、経営者の望む成果を出せない、と私が気がついたのは、顧問先の企業、超高収益のメンテナンス会社Ｐサービスの創業者、佐々木会長（仮名）の相談を受けてからです。

佐々木会長は、とある競技で、オリンピックや世界選手権で活躍できる選手を育成したいという強い夢がありました。強い選手を育成するには、若い時から環境が整ったところで、実力のあるコーチをつけなければなりません。しかし、そのためにはお金がかかります。

そこで佐々木会長は「俺はもう引退の時期だ。今なら会社に金は余ってるだろうから、退職金を思いきり出せ」と言って多額の退職金をもらって、会長を退きました。そしてその退職金と株の売却で得た、億をはるかに超えるお金を、佐々木会長が理事長を務める財団法人に全額寄付しました。選手育成のために、何の縛《しば》りもなく使えるお金をつくったのです。

まず佐々木会長の「世界で通用する選手を育成したい」というビジョンがあって、「そのために多額の金が必要だ」ということから考えると、「退職金にかかる税金をいかに少なくするか」という節税や租税回避ではなく、あくまで夢を実現するために、「必要とする金額をどのようにすればつくれるのか」という発想で戦略構築する必要がありました。

本来、退職金をいくらもらおうとも税金をきちんと払えば、法律に縛《しば》られることはありません。そこで、会社がいくらまで退職金を出せるか、どのようなスキームを使えば高額の退職金を取ることができるか、また高額の株の売却はどうするかなどを、何度も当事務所の弁護士・税理士のチームで徹底して考え抜きました。

これは、会長の夢を実現するためのストーリーづくりです。このストーリーをより強固にしどこからも文句が出ないよう、税法をはじめとした法律の活用を組み合わせたのです。

ストーリーづくりには、行政と係わることもあるので、行政の実務を知っていることも重要です。また、行政官への働きかけが必要になることもあります。目的のために、税法などの法律改正も一つの手段として考えます。法律改正は容易ではありませんが、あきらめてはいけません。行政官との交渉で、改正はできなくても、通達などで法律の解釈を変えることができれば目的を達成することができます。

このように、実情に合わせて、どのように法律を有利に使いこなせるかを考えるのが、経営参謀としての弁護士の役割です。

佐々木会長の場合、会社が順調に成長を続けていたので、内部留保も潤沢《じゅんたく》にありました。しかも、後継者たちは会長を尊敬していて、「なんの問題もありません、やりたいようにやってください」と会長の夢の実現に、素直に協力してくれました。株の売却についても自由にできました。

佐々木会長が高収益会社の創業者だったから、うまくいったという面は否《いな》めませんが、経営参謀として法律や様々な実務的な知恵を使いながら、夢実現のお手伝いができて、とても良い経験ができたのです。

それ以来、私は経営者から相談を受ける時には、トラブルの後始末より、先手を打つような戦略立案に軸足を移すようになりました。

経営参謀としての弁護士の選び方

では、経営参謀として、社長の夢実現やトラブル防止に先手を打てる弁護士とは、どのような人物なのか。次の五つが大事なポイントです。

（一）社長との相性が合う人
（二）先手を打てる人
（三）他の専門家とのネットワークが広い人
（四）人間性が高い人
（五）依頼人の利益を最優先する人

会社の未来、社長のリスク回避にとって重要な選択ですので、選んだ弁護士が自分の経営参謀として永く付き合えるか見極める必要があります。各ポイントについて、詳しく述べていきます。

(二) 社長との相性が合う人

選ぶ基準の一番は、なんといっても社長との相性です。

社長をトラブルやリスクから守り、自身の幸せや会社の成長の大きな手助けになる相手ですから、社長が心から信頼できる人でなければなりません。社長が参謀に隠し事をしていたり、話すのをためらっていると、判断を間違い、正しい戦略を立てることができないからです。

まず、その人物を好きか嫌いか、苦手か苦手でないか、素直に自分の感情の声に耳を傾けてください。

参謀がどれだけ素晴らしい提案をしてきても、社長がその人を「嫌い」だと、その提案を実行しないだけでなく、会って話をすること自体がうっとうしくなってきます。苦手意識をもっていても同様です。

なぜなら、人の意思決定は「正しい・間違い」という論理的なものではなく、「好き・嫌い」という感情が優先されるからです。

ただ、相性は、その人のプロフィールを見ても、人の評判を聞いても、絶対にわかりません。やはり手間ですが、実際に会って話してみて、確認するしかありません。

その相手を好きになれるか、あるいは、信頼できると感じるかどうかを見極めてください。それはご自身の胸に聞いてみればわかります。「何かいい感じ」と思えば詳しく話を聞けばよいし、「ちょっと違う」「偉そうで嫌だな」「何か合わない感じがする」「難しい話ばかりで理解できない」と思えば断ればよいだけです。第一印象でよいのです。一度で見つかるほうが稀《まれ》ですから遠慮は無用です。

付き合いが五年、一〇年と続き、プライベートな情報をすべて話して託《たく》す相手だからこそ、やはり相性は一番大事です。参謀としての能力はその次です。

(二) 先手を打てる人

交通事故や刑事事件、損害賠償など、「トラブルが起こった後」で解決するだけなら、どの弁護士でもある程度は同じようにできます。中には正義感をもってしっかりやってくれる人もいます。しかし、「トラブルが起こった後」ではなく、「先手が打てる」弁護士を選ぶとなると、誰でもというわけにはいきません。

たとえば、自分の知識や意見を押しつけてくるような弁護士は、前例や常識に囚《とら》われていることが多く、不透明なことや新しいことに対して「事前に手を打っておく」ということが不得手です。

「先手が打てる」弁護士とは、法律知識の量ではなく、法律や法律思考を使って、社長の夢の実現に対してもっとも建設的な提案ができる人です。

「こうやれば、適法にできます」

「実務的には、このやり方を使えば、これは違法ではなくなります」

「このようにすれば、責任を負うリスクは少なくなります」

このような考え方をしている弁護士が、社長の参謀に向いています。

あまり知られていませんが、弁護士にも医者と同じく専門領域があります。刑事事件、交通事故、借金、男女問題、遺産相続、医療問題などの個人トラブルや、会社設立、企業法務、税務訴訟、M&A、不動産取引などの企業問題など、さらに細かく分かれています。得意不得意があり、すべてが高レベルで対応できる人はまずいません。ですから、できるだけ必要としているテーマの専門性をもっている人を選ぶようにしてください。

また、経歴に「有名大学の法学部卒業」や「弁護士としての年数が長い」や「マスコミに出演・執筆している」とあっても、あまり参考にはなりません。必要な基準は「**自分が必要**

としているテーマの経験年数と処理件数が多い」かどうかです。

私の事務所は基本的には「**会社法**」と「**税法**」を多く扱っておりますが、最近では顧問先から強く求められて「**労働法**」にも領域を広げています。さらに、所属弁護士の中には刑事事件が好きな人もいます。普段は会社法や税法を手がけていますが、刑事事件だと喜んで手をあげて国選弁護士（※42）を引き受けたりしています。また、弁護士資格と弁理士資格の両方をもち、特許や商標、著作権などの知的所有権に詳しい人もいます。約四〇名の弁護士と、公認会計士、税理士がいるので、会社と社長のトラブルに対して総合的にお手伝いができる体制にしています。

ただ、弊所もそうですが、弁護士事務所のほとんどが「〇〇総合法律事務所」とだけしか書いていないので、どの分野が本当の専門なのかは、直接聞いて確かめるしかありません。

(三) 他の専門家とのネットワークが広い人

では、「この人に参謀になってほしい」と思った弁護士が、自分が求める専門分野でなかった場合、その人と付き合っても意味がないのかというと、そうではありません。

専門外のことは、親しくなった弁護士に「**この案件に対応できる先生を紹介してほしい**」と頼めばいいのです。優秀な弁護士なら専門家のネットワークは必ずもっています。ですから、その問題に対応できる人を紹介してもらえばいいのです。つまりネットワークをどれだけ広くもっているかというのが、判断基準の一つとなります。

私は、経営者に複数の弁護士と付き合うことをおすすめしています。

一人は社長の参謀として常に何でも相談できる弁護士。そして他は、問題が起こった時にその専門領域でお願いする弁護士です。

労務問題に強い人であったり、離婚や損害賠償など民事に強い人であったり、国際法に強い人であったり、いざという時のために刑事事件に強い人であったりなど、専門の弁護士は、それぞれの分野を集中して解決していますから、その分野特有の状況で適切な対応をとることができます。すると、警察や検事、税務調査官や労働基準監督官相手に対等以上の戦いを挑《いど》めます。もちろん、専門領域に強いというだけでなく、その先のネットワークもしっかりともっている弁護士なら、なおよいでしょう。

ただ、気をつけなければならないのは、大きな弁護士事務所の弁護士と付き合えばそれでネットワークができたと思わないことです。大きな事務所に勤務している弁護士は、普段は事務所内の弁護士とのやりとりで問題が解決してしまうので、外に対してのネットワークが弱い場合も少なくありません。

もちろん、代表弁護士であれば幅広い人脈をもっていますが、現実的には代表弁護士と直接顧問契約を結ぶことは難しいでしょう。よって、事務所の大きさだけで決めるのはおすすめできません。その弁護士個人を見るようにしてください。

(四) 人間性が高い人

忘れてはならないことは、弁護士が「熱心」で「面倒見がいい」性格をしているかどうかということです。つまり人間性の良し悪しが重要です。やはり誠実な人がよいです。本当に依頼人のためを思って一生懸命にやってくれて、勉強熱心で仕事も早い人を選ぶことです。

経営参謀には、法律と経営に関する専門性はもちろん必要です。しかし、それだけでいいというわけではありません。

人間性がなく専門性だけだと、何かあった時に、すぐに相手を攻撃してしまいます。なぜなら、自分の専門分野を崩されないように、自分の立場を守ることに必死になってしまうからです。このような人は一見有能そうにみえますが、より大きなトラブルを招き入れてしまう可能性があるので、けっして参謀として用いてはなりません。

新聞社や雑誌社が発表している「弁護士ランキング」などが選ぶ基準の一つになります。実際にその弁護士と仕事をした人が選んでいるので、上位に選ばれている弁護士は、客観的評価として、専門性と人間性を兼ね備えているといっていいでしょう。

松下幸之助をはじめ徒手空拳《としゅくうけん》で成功している人は、専門性よりも人間性が高い人です。幸之助がすごい技術や知識をもっていたという話は聞きません。ですが、「こうやったらどうですか？」と方向性を示して、人を動かす力をもっていたので、専門性をもっている人以上の結果を出すことができたのです。

人は褒《ほ》められるとうれしくなるので「私はわからないけれど、あなたは優秀だから回答を出せるでしょう」と言われると、難しい問題でも自ら喜んで取り組んでくれるのです。

(五) 依頼人の利益を最優先する人

弁護士は「依頼人の利益を守る」というのが本来の仕事です。しかし、弁護士の中には何を勘違いしているのか、裁判所と同じ感覚でものごとを考え、時に、依頼人である社長を「あなたは間違っている」と糾弾《きゅうだん》してしまう人がいます。

なぜなら弁護士は、最高裁判所に設置された司法研修所で教育されて実務に入るからです。そこでは、裁判官が講師になり、裁判所がつくった教科書で、裁判所の実務に沿った教育を受けます。すると発想が裁判官的になってしまったり、教えられた教科書的なことしかできない弁護士になってしまいがちです。

しかし、実際の法律実務は教科書と違っていることがたくさんあります。

法律どおりに動くことが不都合な場合、行政や裁判所であっても、法律どおりには動きません。「法律」と「法律実務」には違いがあるということを知ってください。

たとえば、税法や通達には、納税者に有利な条文もたくさんありますが、そこを行政官に運用で変えられてしまい、有利な条文として使えなくなる場合があります。反対に、納税者に不利な条文もありますが、それが不利に使われないようにする実務もあります。

このようなことは教科書には書いてないので、弁護士の多くはこの実務の現場を知りませんし、使うこともありません。ですから、法律や教科書に書いてあることにしたがって行動し、判断しているだけの弁護士では、社長の目的を達成するという成果はあまり期待できないのです。

逆に、有能な経営参謀となる弁護士は、依頼人である社長の夢や目的を達成するために、法律や通達などと異なる実務に関心をもち、それを知るように努力しており、「夢を実現するために、何を活用すればいいのか」という視点で情報収集しています。

依頼人を少しでも有利にするため、自分たちで「こんなことはできないか、あんなことはできないか」と考え、その結果、有利に使える実務を発見し、それを活用して顧客の目的を次々と達成していくのです。

見極めるには費用と時間がかかる

弁護士との出会いは、やはり縁です。何かの会合で出会ったり、信頼できる知人からの紹介、ウェブサイトでの広告、あるいは、著書や掲載記事を読んだり、セミナーに参加した際の講師だったり、中には紛争の相手方弁護士という場合もあるかもしれません。自分にふさわしい経営参謀と、いつどこで巡り合うかわかりません。だからこそ、経営参謀を求める気持ちを失わず探し続けてください。そうすると自然に良縁ができるものです。

良縁が感じられる弁護士と知り合えたら、次は、落ち着いて話ができる場を設けてください。事務所でもいいですが、食事を一緒にするのもおすすめです。人柄や、どのような考え方で仕事をしているのかなど、多様な情報が手に入ります。また、話題になっている経営的な質問をして、その応対をみれば、経営もわかる人かを判断できます。

さらに今は、インターネットでその先生の名前を検索してみてください。ブログをやっていたり、ＳＮＳに投稿していれば、その投稿内容も判断の材料になりますし、Twitter や掲示板などで叩かれているかもしれません。

その上で「この人なら」と思ったら、いま抱えている簡単な案件を相談してみてください。その対応の仕方で、実力が見えます。能力が高いか低いか、面倒見がいいか、親切か、仕事が早いのかなどもわかります。また、「できます」と言っていることが本当にできるのか、より確実に成果を上げるために他人を巻き込める人か、抱え込んでしまう人なのか……そういうことも実際に仕事をやってもらうとわかります。

そしてその仕事ぶりをみて、引き続き信頼して他の仕事も依頼したいと思えるかを判断すればいいのです。もし、そのためにお金が必要なら、それは未来への投資と考えてください。明るい未来を期待できる効率性の高い投資です。

徒手空拳《としゅくうけん》から一代で、当時の世界一企業のUSスティールを創ったアンドリュー・カーネギーの次の言葉は、現代でも通用します。

「人間、優れた仕事をするためには、自分一人でやるよりも、他人の助けを借りるほうが良いものができると悟った時、その人は偉大なる成長を遂げるのである」

「他人の助け」のうち社長にとってもっとも重要なのが、経営参謀なのです。

以上、弁護士を例に経営参謀の選び方をお伝えしましたが、士業やコンサルタント、官僚OB、医者など他の参謀も同じような考えで選ぶと間違いはないと思います。

依頼する時の料金体系と相場

弁護士に仕事を依頼する時のハードルの一つに、「料金がわからない」ということがあると思います。一般的には次の四つの料金体系があります。

①**「相談料」**＝一時間程度の相談をする時の費用です
②**「月額制」**＝顧問料として月にいくらという支払い方
③**「タイムチャージ制」**＝案件ごとに一時間いくらという支払い方
④**「着手金」＋「成功報酬制」**＝案件に取り組む費用と、成果を上げた時の利益分配

最終的には、依頼者と弁護士との自由な契約で、金額と支払い方法などを決めます。

ただ便宜上、弁護士ないし法律事務所で支払い方法を決めていることが多いのは確かです。

最近では、インターネットで弁護士を探す人が多くなっているので、ホームページなどに、報酬体系を明示している法律事務所も多くなってきました。あるいは、ある業務については、標準的な報酬体系ができあがっている場合もあります。

もっとも、費用は依頼者と弁護士との自由な契約といっても、有能な弁護士は、報酬額は

自分への価値評価と考える傾向がありますので、その弁護士が適切に評価されていると思える金額を提示するほうが、喜んでやってくれると思います。

弁護士費用の目安としては、日本弁護士連合会が二〇〇九年に実施した弁護士へのアンケートを集計した「市民のための弁護士報酬の目安」「中小企業のための弁護士報酬の目安」という資料が、日本弁護士連合会のホームページ（https://www.nichibenren.or.jp/）にあるので、その抜粋を次ページに掲載しておきます。（図表15）

まず社長が優秀な参謀を強く求める

正直、現状では社長の参謀が務まるような、経営も法律も統合的に活用できる弁護士はそれほど多くはないので、出会うのに苦労するかもしれません。

それは、需要と供給の関係から説明できます。社長側に経営参謀としての弁護士を求める需要がないので、経営参謀に相応《ふさわ》しい弁護士の供給準備がないのです。

本来、「供給が先」か「需要が先」かはどちらでもいいのですが、弁護士の頭が柔軟で実践的であれば、弁護士のほうが供給の準備をして、社長の需要を喚起《かんき》することも可能です。

図表 15　弁護士費用の目安

◎　相談料：１時間　５千円～１万円

◎　顧問契約：月額　３万円、５万円

◎　契約書作成：１通　５万円～10万円

◎　タイムチャージ：１時間あたり　２万円～４万円

◎　5000万円の財産の遺言書作成　10万円～30万円

◎　労働事件の着手金　30万円～50万円

◎　特許侵害で１億円の損害賠償請求をする場合
着手金・300万円、報酬・700万円

◎　売掛金の回収：2000万円を回収する場合
着手金・50万円 ～ 100万円、報酬・200万円

◎　3000万円の税務訴訟
着手金・50万円～100万円、報酬・300万円

◎　負債総額10億円の民事再生の場合
着手金・200万円～300万円、報酬・300万円

◎　離婚調停を依頼する場合
着手金・20万円～30万円、報酬・20万円～30万円

◎　刑事事件を受けてもらう場合
着手金・20万円～30万円、報酬・20万円～30万円

出所：日本弁護士連合会のアンケートによる「弁護士報酬の目安」より抜粋
https://www.nichibenren.or.jp/

しかし、恥ずかしながら弁護士の大多数は、法律を使うのは裁判が必要な案件が起こった後だと思い込んでいる人たちです。その常識を変えるように、弁護士側から改革をするのは困難といわざるを得ないのが正直なところです。

ですからまず社長のほうから、「私を補佐する経営参謀としての弁護士がほしい」と声をあげてください。「ほしい」という需要があるところには、必ず経営参謀に相応《ふさわ》しい弁護士たちが育っていきます。

また外部から見つけてくるだけでなく、育てることも考えてみてください。

今お願いしている顧問弁護士や顧問税理士に、経営参謀としての能力に不足があるとしても、「このようなアドバイスがほしい」「こういうことはできないのか?」「法的に問題あるか調べてほしい」「この件を法律で守ってほしい」と要望を出し続けてください。そうすることによって、社長にとって役に立つ経営参謀として育っていきます。

その気になれば、それほど難しくはありません。弁護士、税理士がすでに身につけている知識や技術を「先手で使う」という発想に切り替えればいいだけですから。

起業する時から弁護士は必須

経営活動には、社会における信用と、契約をはじめとする法律はつきものです。この二つがなければ、経営活動は成立しませんし、企業の成長も期待できません。
それは、起業時にも当てはまります。むしろ、起業する時こそ、経営活動の基本を押さえておく必要があります。

特に、インターネットや人工知能が発達してくると、短期間で、従来の常識が新しい常識に変わる時代になります。その時代の流れに乗り、従来の常識を変える発想ができる会社は、起業してからあっという間に大きな企業に成長することも珍しくありません。このように一気に大きな企業になった場合、人材も仕組みも危機に対するノウハウも未整備なため、法律に抵触して社会的信用を失うリスクが急速に高まります。そして不祥事やトラブル、違法行為がいたるところで発生し、会社が傾いたり、社長が地位をはく奪されることになったりします。

たとえば、二〇〇九年に創業し、数年で売上一兆円を超える企業になったインターネット配車サービスのウーバー（UBER）の最高経営責任者（ＣＥＯ）が、社員のセクハラ行為を放置した責任をとって辞任しました。

その社員は、退職後、セクハラがあったことを会社に通報しましたが、会社はそれを放置、そのためSNSで、「ウーバーでセクハラをされた。会社に通報したけれど対処してくれなかった」と公表し、社会問題となったため、投資家からの圧力がかかり創業CEOが退任を強いられました。

今や、SNSによる不祥事情報の拡散は社会常識です。ですからセクハラをされたという情報が、最初に会社に通報されたのは本来は幸運なことだったのです。その時に会社が先手を打ち、調査をしっかりと実施し、適切な対処をするべきでした。それができていれば、SNSに投稿されることもなく、CEOが辞任することはなかったでしょう。

そこで一つ考えなければならないのは、セクハラの放置と創業CEOの辞任とは、バランスの取れたことだったのかということです。

社会的な視点からすれば、バランスが取れていると見られているかもしれませんが、経営の視点からすれば、バランスが取れているとは思えません。CEOの辞任は会社に自浄能力がないことを認めることになりますし、同時に、優秀な創業CEOを失うのは痛恨《つうこん》のことです。

このアンバランスを避けるために存在意義を発揮するのが、経営参謀としての弁護士です。ウーバーには、ＣＥＯを守ってくれる経営参謀がいなかったようです。仮にいたなら、辞任に追い込まれるようなことにはならなかったと思われます。

社長が果たすべき攻めと守りの責任

常識が速いスピードで大きく変化する現代は、何があるかわからない時代に突入していきます。近い未来に想定外の大きな変化があるかもしれません。それでも、企業の存続と成長を担う社長は、「想定外のことだから、今から気にしても仕方がない」というわけにもいきません。想定外のことに遭遇《そうぐう》しても、それに対しての対応が必要になります。その時に活躍すべきが経営参謀としての弁護士です。

社長の判断次第で会社の未来が決まるので、どんな時でも、社長が適切な判断ができるように支援することは、会社を守ることにもつながります。言い換えれば、社長が経営責任をまっとうできるような仕組みをつくることが、永続的に成長する会社にするために必須なことだともいえます。

ここでいう、社長の経営責任とは、次の二つを併せもつことです。

一．**攻めの責任**＝業績の向上を図る責任

二．**守りの責任**＝社会から非難を受けないように、法律や社会倫理に反しない責任

社会の役に立ち、永続的な成長を果たすため、この両面の責任を果たすことが企業には必要不可欠です。

攻めの責任を果たして、どれだけよい業績をあげても、労災事故で社員が死亡するという守りの責任を果たせなければ、最悪の場合は経営トップが送検されて有罪判決を受けるということもありえます。

特に中小企業は社長個人の信用・信頼が、会社の信用・信頼です。

ですから、社長の不祥事や逮捕は、即、会社の危機に繋《つな》がります。その影響は働く社員や取引先までもが傷ついて倒れることになります。社長は、守りの責任を果たしてこそ、攻めの経営をすることができるのです。

そこで経営参謀としての弁護士であれば、社長の攻めの責任だけでなく、守りの責任を負うという面でも、孫子の役割を演じることが必要です。守りでは、相手につけ入る隙をつく

らせない鉄壁の戦略を提案できるからです。

経営参謀を活かすのはリーダーの器量しだい

いくら優秀な経営参謀が付いていたとしても、社長自身にそれをうまく使いこなす力量がなければ、会社をより繁栄させることも、危機を回避することもできません。

先手を打って「勝つ」。それが、参謀の役割です。

常識的なことが最善策であれば常識的なことを提案しますが、非常識で意外なことを提案することもあります。「そんなことは常識では考えられない。やっても意味がない」というようなことを発想して、人がやらない未知の価値観や手法を提案してくることもあるかもしれません。なぜなら意外なほうが、相手方の不意を突き、成功する確率が高いからです。よって、有能な参謀を使いこなせるかは、社長の力量しだいです。

とはいっても、経営参謀が言ったからと、常にそのまま実行する必要はありません。どうしても価値観が合わなければ「やらない」と決めるのは社長自身です。

ただ、時には価値観が合わないとしても、進言してくる策をいったんは受け入れることも必要です。

「面白いからやってみようか。ただ失敗する可能性もあるから、もう一つ、別の手も打っておこう」というように柔軟に考えなければ、優秀な参謀人材は集まりませんし、育ちません。話をろくに聞かず適当に対応してしまうと、そのうち参謀は何も進言しなくなり、去っていくでしょう。優秀な参謀であればあるほど、参謀側も社長の人物をみるのです。

第六章のまとめ

1. 法律を、相談者の役に立つように自由に使いこなすことこそ、法律の専門家である弁護士の役割。

2. 経営参謀にふさわしい弁護士の条件は五つある。その第一は「社長との相性」で、能力より重視すべき。

3. 弁護士費用は自由な契約、しかし優秀な人ほど報酬額＝価値評価と考えるので、高額のほうが良い仕事をする。

4. 優秀な参謀はまだ少ない。社長が「参謀がほしい」というニーズを強くもてば、参謀が育ってくる。

5. 「紛争になってから」ではできることは限られる。紛争になる前こそが、企業や社長にとって極めて重要。

6. 参謀の提案を活かすためには、リーダーに受け入れる度量や見識と、参謀に対する厚い信頼が必要。

（※４２）国選弁護士＝刑事訴訟手続きで、一定条件下の被疑者または被告人が自ら弁護人を依頼できない時に、国が付する弁護人。被告人の貧困その他の事情に基づく請求による選任、被告人が未成年者や七〇歳以上の者などである場合に裁判所が職権で選任する場合などがある。また、死刑または無期懲役、または長期三年を越える懲役もしくは禁錮に当たる事件は必要的弁護事件と呼ばれ、職権で弁護人が選任される。

引用：（※４２）についての説明は、『デイリー法学用語辞典』（三省堂編修所編　２０１５）より引用しました。

第七章　今後本格化する法的リスクの新たな波

一、集団訴訟社会の到来

日本も米国のような訴訟社会に突入する

革新による大変化の時代背景の下で、法律の世界にも、新しい組み合わせによるイノベーションが起こっています。

たとえば、「消費者という多数の顧客対象」と「過払い金請求」と「テレビ広告」や「インターネット」の組み合わせによって、アディーレやベリーベストなど新興の大規模法律事務所が生まれ、弁護士が身近に感じられるようになりました。これは、法律の世界におけるイノベーションそのものです。

ウェブサイトの弁護士ドットコムも、「法律問題で困っている人」と「弁護士」と「インターネット」の組み合わせによるイノベーションです。このサイトの一カ月のアクセス数は一〇〇〇万件超です。登録している弁護士は、弁護士会の約三分の一にあたる一万三〇〇〇人を超えました。さらに、相談件数は六四万件、弁護士の回答数も一一五万件ですから、法律問題における社会革命を起こしたといえるでしょう。

つまり、「弁護士を必要とするような法律問題は、生涯に一度も経験したことがない」という従来の社会常識は消え去り、「**人生にも、仕事にも、つねに法律リスクがつきものである**」という新しい社会常識が、日本に生まれつつあります。これは、良い悪いは別として、日本社会も法律リスクに対応するために、一〇〇万人を超える弁護士を必要としている米国社会に近づいた、といえるでしょう。

米国経営者が恐れる集団訴訟が上陸

米国で、会社や社長に今もっとも恐れられているのが、集団訴訟（クラスアクション）です。一つの事故が発端になり、何百億円、何千億円に相当する巨額の損害賠償責任に発展し、会社を危機に陥《おとしい》れるからです。

今の日本の法律では、一人の客が二万円の損害を受けた時、その損害を回復するには、自分で企業に対して損害賠償請求の訴訟を起こす必要があります。つまり、このような少額の訴訟は、事実上、不可能です。損害を回復するどころか、弁護士費用や訴訟費用がかかり、かえって損失を大きくするだけだからです。

そのため日本にも、「**集団的消費者被害回復に係る訴訟制度**」という集団訴訟制度ができ

図表16　集団的消費者被害回復に係る訴訟制度の概要

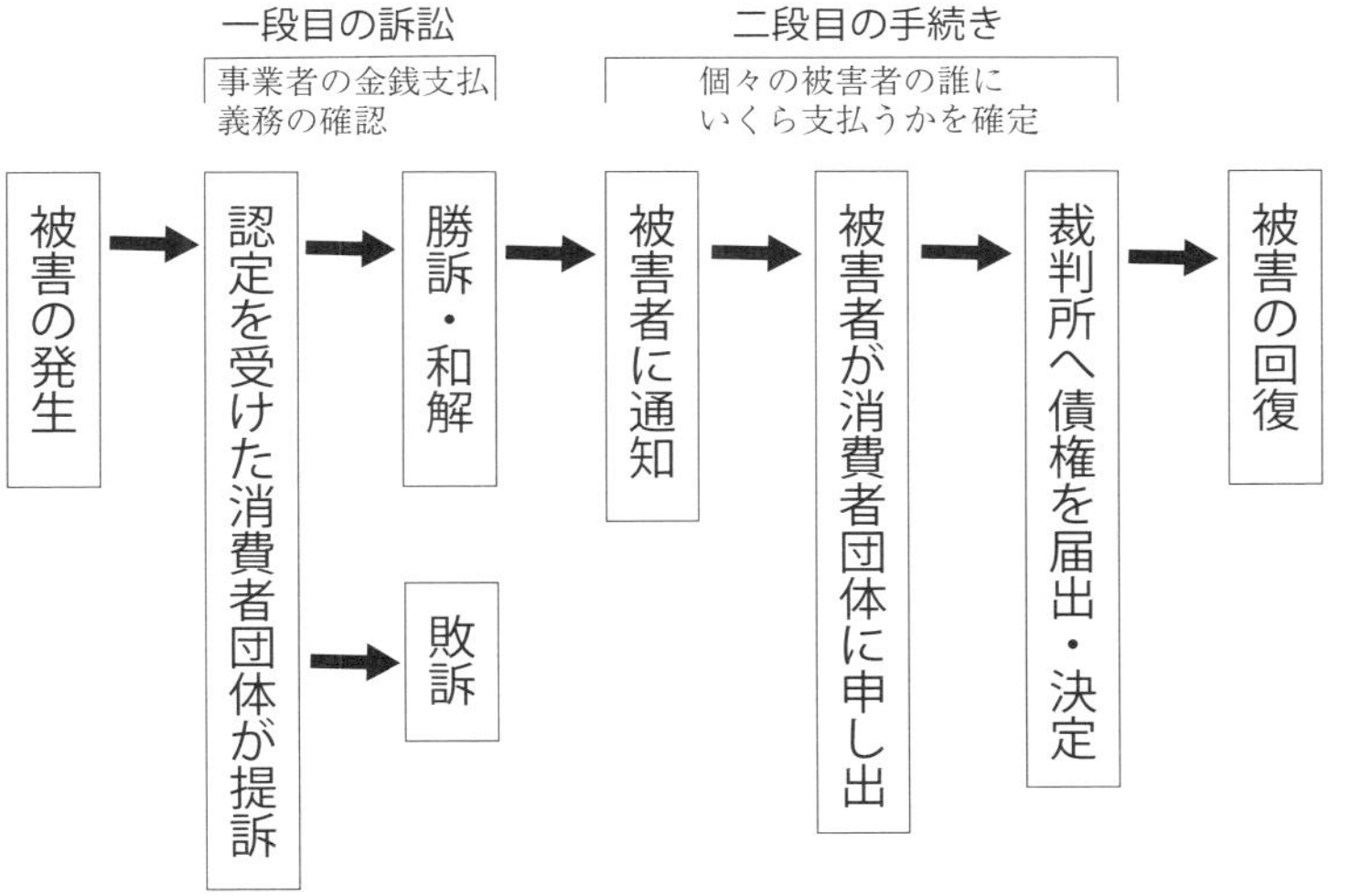

ましたが、今のところあまり利用されていません。それは、図表16のように手続きが二段階に分かれており、ややこしく、面倒だからです。

被害が発生すると、一段目の手続きとして、内閣総理大臣が認定した「消費者団体(現一七団体)」が、被害者に代わって訴えを起こします。そこで勝訴すると、損害賠償請求権があることが確定します。

次に、消費者団体が被害者に裁判手続き参加を通知します。そして、被害者が消費者団体に損害賠償請求権があることを申し出て、裁判所が「債権がある」と決定すれば、ようやく被害者個人の損害が回復されるのです。

複雑な上に、米国版と異なり慰謝料請求ができないので、この制度を使って訴訟をしても、それほどメリットはありません。そのためこのままの形だと、今後もあまり利用されることはないでしょう。

ところが、訴訟の世界にイノベーションが起きれば、「**従来の損害賠償請求権**」と「**インターネットによるポータルサイト**（※４３）」の組み合わせで、法律の制度がなくても米国版の集団訴訟に近いことが実現できるようになります。将来的には、マスコミ報道に後押しされてより広く知れ渡れば、多種多様な被害者集団が現れ、企業にとって新たなリスクになることが予想されます。

たとえば、中堅企業のＬ社で一万件にも及ぶ個人情報が漏《も》れたとします。

事件解決のためにＬ社は、個人情報が漏《も》れたと思われる人に五〇〇〇円の金券を渡しました。一万人すべてに対してですから、その総額は五〇〇〇万円です。現状では、この事件はここで終了、集団訴訟になる可能性は低いでしょう。

ところが、インターネットの活用が進むと、集団訴訟に発展する可能性が格段に高くなります。インターネット検索で、弁護士と被害者が容易につながることができるからです。

ある弁護士が集団訴訟のホームページを構築して「L社の補償が五〇〇〇円では少ない。三万円請求できますよ。一緒に訴訟をしませんか？」という情報を流すと、「私もその話に乗せてください」「俺たちもお願い」と五〇人、一〇〇人程度でしたらすぐに集まるでしょう。そのことがマスコミに取り上げられたりすると、さらに二〇〇人、三〇〇人と集まるでしょう。それに伴い賠償金もさらに数千万円増えると予想されます。

集団訴訟が社会に広く知れ渡れば、ちょっとしたことでもすぐに訴訟になり、莫大《ばくだい》な賠償額を請求されるようになります。その下地がすでにできはじめています。どこかで必ず象徴的な事件が出てくるでしょう。すると、そこから状況はガラリと変わり、日本でもアメリカのように集団訴訟が当たり前になってくるかもしれません。

特に、情報が広範に拡散されるインターネット社会においては、国家による制度改革なしに集団訴訟の仕組みをつくることができます。それは間違いなく、企業経営の根幹にかかわるリスクになっていきます。

大企業だけではありません。中小企業や医療法人、社会福祉法人、学校法人など、業種・規模を問わず、すべての組織が訴えられる可能性があります。そのため、どのような組織でも「万が一はある」と考え、遵法《じゅんぽう》的な経営を求める「**コンプライアンス**」、健全な経営に取り組む「**企業統治（コーポレート・ガバナンス）**」の仕組みをつくっておく必要があります。

「労務問題」も個人から集団訴訟に

従来、個人を顧客対象にしている弁護士への法律相談としてもっとも多かったのは、「過払金返還（※44）」に関することでした。しかし、今後は、「過労死」「過労自殺」「長時間労働」「不払い残業代」「解雇・雇止め」「セクハラ・パワハラ」「いじめ・嫌がらせ」など多様な労務問題が、法律相談として大きな領域を占めるようになると思います。

労務問題がマスコミで広く報道され、インターネットにはそれに関する情報が溢《あふ》れています。一度、「**労働問題**」とインターネットで検索してみてください。弁護士事務所がずらっと出てきて「会社を訴えませんか?」と煽《あお》っています。

さらに今後は、個人の労務問題ばかりではなく、多数の従業員の労務問題を集団的な問題として取り上げる可能性が高いと思われます。そのため、今まで「個人」対「会社」の争いだったのが、五〇人、一〇〇人の「**多数の従業員**」対「**会社**」の**労務問題に発展**してくるでしょう。

個人の労務問題から集団の労務問題へ、という変化は、労働時間や安全・衛生、待遇などの労務管理を放置していた中小企業の社長にとっては、目を背けていてはならない状況になってきています。リスクから目を背けていると、リスクが襲いかかってきます。自社で働いている従業員や、円満に退職したと思っていた元従業員の集団が、突然、弁護士を雇って会社や社長を訴えてきても不思議ではない状況がそこまできています。

それがまだ現実化していない今こそ、将来に備える必要があります。「我社は大丈夫」ではなく、「**我社にもあるかもしれない**」と考え、社会保険労務士や弁護士など労務問題の対策が得意な専門家にきちんとアドバイスしてもらい、経営的視点をもった上で、法律にのっとった職場づくりをしてください。

労働問題は訴えられてしまうと、九割方は経営者側が負けてしまう非常に不利な戦いになるので、訴えられない環境づくりが何よりも大切です。

二、他国の法律で罰せられる「域外適用」

外国政府が法律で日本企業を攻撃

多くの日本企業が、海外での訴訟に負け、巨額の罰金等を支払っているという実態を知っていますか？　商習慣や文化、権利意識などの違いによって、十分な対策が打てず相手のいいようにやられてしまっているのが現状です。今後は中小企業であっても、海外との接点がない会社であっても、外国の法律で罰せられる「**域外適用**《いきがいてきよう》」という問題を視野に入れておく必要があります。

日本の法律は、通常、日本の中だけで通用し、外国では通用しません。それはどこの国の法律でも基本は同じです。ただし例外的に、米国、英国、ＥＵ、中国など数カ国の法律は、自国の利益を守るため国境を越え、他国でも適用される場合があります。

たとえば、日本企業がタイに進出し、現地に子会社や工場を設置したり、タイの企業を買収する時は、タイの法律に従うのは当然のことです。しかし、取引や行為の違反に対して、日本でもタイでもなく、アメリカやイギリスなどの第三国の法律が適用され罰せられる場合があります。このことを「域外適用《いきがいてきよう》」といいます。特に、カルテルやM＆A、租税回避、贈収賄…などで摘発されている例が増えてきています。

その一つの例として、二〇一二年に矢崎総業とデンソーなどが、米国向けの自動車部品の価格カルテルをしているとして、米国の司法省から合計五億四八〇〇万ドルの罰金刑を課されました。さらに、関与したとされる日本人も米国の刑務所に収監《しゅうかん》されてしまいました。日本の商習慣では、同業他社が顔を合わせたり、会合や懇親会を開くなどはよくあることです。しかし、米国ではそれをカルテルだと判断したのです。その後の五年で、同様の罪で、同業者、子会社や下請会社などの自動車部品メーカー約六〇社、四〇名近くの社員だけでなく、社長・副社長までが、米国の刑務所に収監されました。

国際カルテルでは、古くから域外適用がおこなわれていました。**カルテルの効果が自国で生じている限りは、カルテルの合意がどの国で、どの国の企業同士がおこなおうとも、「自国法を域外適用することができる」**とされているのです。

「**海外腐敗行為防止法**（ＦＣＰＡ）」という反贈収賄規定の米国法もよく域外適用されています。本来は、米国内で執行される法律ですが、規制対象になる行為や法人、個人の範囲が非常に広く定められており、日本企業や日本人に対する執行も積極的におこなわれています。たとえば、日揮と丸紅がナイジェリアの公務員に贈賄《ぞうわい》をした事件があります。通常は、ナイジェリアでの事件なので、ナイジェリアの法律で裁かれます。しかし、日揮、丸紅ともにいくつかある合弁会社のうちの一社が米国企業であり、その米国企業との共謀・幇助《ほうじょ》に当たるとされ、米国の司法省によって、「海外腐敗行為防止法（ＦＣＰＡ）」違反の域外適用《いきがいてきよう》として摘発されました。日揮は約二億ドル、丸紅は約五五〇〇万ドルの罰金を支払わされています。また、ブリヂストンもブラジルの公務員に対する贈賄で二八〇〇万ドルの罰金を支払ったうえに、担当部長が禁固刑に処せられました。

外国政府は、法律が平和な時代における武器であることを知っています。そして、その武器を先手に使い、日本企業にダメージを与えてきているのです。そのように攻撃をしかけてくる外国政府を相手に、摘発されてからようやく巨額な罰金や経営幹部の刑務所行きの危機に対抗するというのは時代錯誤です。

社内に法務部門があり、顧問弁護士を大勢雇っている大手企業であっても、後手に回ると太刀打ちできません。法律の使い方は、「このようなことが起きないように使うべき」というのが、これからの主流になるはずです。そうでないと、会社も社長も守れるはずがありません。

事例はわかりやすいように大手企業の巨額な罰金のものですが、今後は、海外子会社をもっている中小企業の経営者も、自社の深刻なリスク問題として、その対応策を考えておく必要があります。

海外子会社の役員が、東南アジア某国の政府関係者からの強引な要求に屈してリベートを払ってしまいました。その場合、社長としては、発覚する可能性を想定し、某国の法律に精通し、危機管理の相談ができる弁護士と一緒に、対応策を立てておかなければなりません。もし、捜査当局に発覚してしまえば、中小企業の場合、大企業のようにすぐに対応することができません。そのため、現地の役員はもちろん、日本の親会社の役員、最終的には社長までもが、某国の法律だけでなく、第三国の法律で罰せられ、収監される可能性も出てきます。

「**域外適用**」は規模の大小・業種業態を問わず、すべての日本企業が知っておくべきこれからの経営リスクなのです。

同じ行為で何重にも処罰される

自国の法律を域外適用《いきがいてきよう》する国が増えてくると、多重処罰のリスクが高まってきます。

二〇〇八年に、ベトナムでの政府開発援助（ＯＤＡ）事業受注をめぐって、政府関係者に約六九〇〇万円のリベートを供与したとして、日本の大手建設コンサルタント会社の前社長を含む役員三名と会社が、日本の法律である「不正競争防止法違反（外国公務員贈賄罪）」で摘発《てきはつ》され、有罪判決を受けました。

域外適用される条件が揃うと、日本の「不正競争防止法」違反だけでなく、ベトナムでは「贈賄罪《ぞうわいざい》」に問われ、米国に接点があれば、「海外腐敗行為防止法」にも違反することになります。また別の国に接点があればそこでも何らかの法律違反になるかもしれません。

日本には、「**何人も、同一の犯罪について、重ねて刑事上の責任を問われない**」（日本国憲法三九条）という憲法上の原則があるので、同じ行為で二重三重の罪に問われることはないのですが、あくまで日本国内の原則として決められているだけです。そのため、今後は同じ違法行為を、二カ国、三カ国と何重にも裁かれる可能性が出てきています。

贈収賄や汚職の規制と摘発の強化は、世界的な流れになっています。そのため、摘発されると厳しい制裁を受け、金銭的にも信用的にも企業にとって深刻なダメージを受けることが予想されます。

ですから、海外に進出する時はもちろん国内での取引においても、「日本独自の商習慣」ではなく、「国際取引のルール」を意識すると共に、海外取引や国際訴訟が得意な弁護士事務所と付き合っておくことをおすすめします。

海外での贈収賄の防止

海外での贈収賄は、前述のとおり企業に致命的なダメージを与える可能性があります。そのため、社長を中心として本気で取り組まなければなりません。社長の明確なメッセージがないと防止できないからです。

たとえば社長が、海外の贈収賄の対応について、海外担当者に対して「○○君。赴任先の国では、公務員から贈収賄の誘惑があると聞くが、その点については、『うまく』やってくれたまえ」と告げたとします。このような不明確はメッセージは、赴任者に誤った解釈をさせる余地を与えます。そのため赴任者は、経営トップのメッセージを「**赴任先では、贈収賄をやっても、それをうまく隠せ。そして業績を向上させてくれたまえ**」と解釈し、贈収賄に手を染めてしまう可能性が高くなります。

本気で、贈収賄を防ぐためには、「**○○君。一○億円、一○○億円の商談が成立しなくてもいいから、贈収賄だけはしないでくれたまえ。これは絶対命令だ**」のように、赴任者に誤った解釈の余地を与えない明確なメッセージが必要です。

海外でのトラブル防止で大切なのは、海外で犯罪を犯したり、巻き込まれてから対応を決めることではありません。問題が発生する前に、どう対応するかの方針と仕組みを予めつくっておくことが大事です。つまり、覚悟を決めて先手を打つべきであり、後手に回ってはならない、ということです。

海外の贈収賄などの犯罪防止は、経営倫理に関する会社の方針の問題です。つまり、経営トップ直轄の問題だと認識し、腹をくくって対応しないと実現できません。

海外子会社は不正の温床

海外子会社は、不正の温床になりやすいので、注意が必要です。

海外子会社は、本社の目が届きにくく、不正がしやすく隠しやすいからです。とくに、本社の監査機能の弱い中堅・中小企業では、その点について、予め認識し、ある程度の監視ができるようにすることが重要です。

現地の担当者を信頼するのはいいのですが、現地に遠慮したり、業績が良いからと任せっぱなしにすると、不正がおこなわれても気づかないまま年数を重ねることになりかねません。そうならないように、定時、あるいは臨時の監査をしたり、不正の兆候があれば、それを放置しないことです。

三、「日本版 司法取引」もう法律違反は隠せない

社長を狙った内部告発が激増

二〇一八年六月より、いわゆる「日本版 司法取引」が施行されます。

簡単にいうと、米国の映画やドラマで見るように、**犯罪を犯した人が検察官と交渉して、証拠や供述によって首謀者や共犯者を明らかにする見返りに、自分の罪の免除や軽減をしてもらう**というものです。それによって、後ろに隠れていた首謀者を捕まえようとするもので、これも企業や経営トップにとって、新たな法的リスクになってきます。

たとえば、価格カルテルをしたとして、独占禁止法違反の容疑がかかっている担当課長がいたとします。

これまでだと、担当課長は、指示した人や会社としての関わりなどについて、組織や上司、また自分の立場を守るために口を閉ざします。仮に「役員のAから指示を受けてやりました」と自白して、証拠なども提供し、共犯事実の解明に協力しても、自分も犯罪者として処罰さ

れるので当然です。

それが刑事訴訟法の改正により、自分の弁護士と検察官との合意があれば、役員のAがやったことを話したり、その証拠の提出などを条件に、起訴しない、あるいは、軽い犯罪で起訴するなどの取引をすることができるようになりました。するとどうなるでしょう。今まで話すのをためらっていた、末端で実行させられた人たちが、つぎつぎに口を開き、その結果、従来なら検察から逃げられた経営トップなど、首謀者の犯罪が追及される例が増えてくることが予想されます。

日本版司法取引は、企業における会社ぐるみの犯罪において、陰に隠れている首謀者である経営者を標的にした革命的な制度です。これは、大企業の経営者はもちろん、中小企業の経営者にも、大きなリスクとなる事態の到来を示すものです。

特に今回、司法取引の対象となる犯罪は、贈収賄や詐欺、横領、脱税、談合、粉飾決算、文書偽造、会社法、知財関係など、これまで検挙された企業犯罪の大半を対象に、非常に広範囲に及んでいます。（図表17）つまり、非常に重要なので繰り返しになりますが、この法改正の目的は、企業犯罪における経営トップなど経営の上位者の関与を暴き出して、犯罪の

図表 17　司法取引の対象となる犯罪（例）

・会社法関係　（特別背任、会社財産を危うくする罪など）

・独占禁止法関係　（談合、カルテルなど）

・不正競争防止法（営業秘密侵害など）

・金融商品取引法関係　（粉飾決算、インサイダー取引など）

・脱税

・贈収賄

・詐欺

・知的財産関係（特許、著作権、商標、実用新案）

・銀行法、信用金庫法、貸金業法など特定業種関係

・倒産法制（民事再生法、会社更生法、破産法）

・有価証券偽造

・犯罪収益移転防止法

・爆発物、覚醒剤、銃刀法違反などの組織犯罪関係

…他　約50法令

全容を解明することであり、ターゲットは間違いなく社長や役員といえるでしょう。

また、「司法取引の対象の犯罪に「**脱税**」が入っていますので、資産家や相続関係などにも、大きな影響を与えることは確実です。

自分が助かるために他人を売る

顧問企業の社長から、「司法取引が施行されることによって、会社にどのような影響が出ますか。日本では、仲間を売るような制度はなじまないのでは？」と質問された時に答えた事例があります。あくまで想定の事例ですが、参考になると思います。


兄弟二人で経営している中小企業で、想定される例です。

最初は仲良くやっていたのですが、経営方針について食い違いが出てきて、近年は争いが絶えませんでした。そしてある時の株主総会で、株式のほとんどをもっている兄は弟を取締役に選任せず、弟は会社から追い出されてしまいました。それを恨みに思った弟は、司法取引を悪用し兄を追い落とす算段を立てました。

というのは、兄弟仲が良かった時に、自分たちの投資目的で買った個人所有の不動産が大幅に値下がりしたので、その損を埋め合わせるために、会社に買い値で買わせたことがありました。これは「特別背任罪」という一〇年以下の懲役もしくは一〇〇〇万円以下の罰金という非常に重い罪になりますが、当時、「俺たちが黙っていたらバレない」と隠すことにしていました。

日本版司法取引で、弟が弁護士と相談し、検察官と司法取引をした場合、弟は起訴されず、兄は、弟が検察に提供した証拠と裁判所での証言で、「特別背任」で有罪判決を受けるでしょう。もちろん兄は、企業の存続を図るためには、社長を辞任するしかないでしょう。他にも、色々な法的リスクの問題を抱えることになります。

「お互いの秘密」は、人間関係が崩れると、もろいものです。夫婦、親子、兄弟であっても、ちょっとした感情のもつれから、敵に回ってしまうことが数多くあるのも事実です。それでも今までは、自分も罪を問われるので表沙汰にすることはありませんでした。しかし、これからは先に共犯者の罪を認めると、自分は逃れることができるようになるのです。

これは架空の話ですが、実際に起こる可能性は想像以上に高いと思います。

日本版司法取引と似ている法律に、二〇〇六年から施行されている、独占禁止法の中の

「**課徴金減免制度**《かちょうきんげんめんせいど》（リーニエンシー）」という制度があります。「課徴金減免制度」とは、自ら談合やカルテルなど独占禁止法違反を認めて申告することにより、早いもの順に、「課徴金（※45）」の免除ないし軽減が受けられるというものです。つまり、最初に申告した企業は全額免除、二社目は五割免除、三社目は三割免除と申告が早ければ早いほど優遇され、さらに最初の一社は、刑事告発まで免れることができるのです。

この「**相手より先に罪を認めることによって、自分は助かる**」という制度、実はすでにかなりの数が利用されています。そのことからも、日本でも、司法取引は日常化することが予測できるのです。

確たる証拠の提供が司法取引の条件

では、実際に司法取引の当事者になった場合、どのような状況になっていくのでしょうか。

まず、取引をもちかけるのは、もともと検察官が起訴して犯罪を立証するための制度ですから、検察官からが多いと思います。また、犯罪を犯した人が、弁護士に相談し、刑の軽減を求めて、弁護士を通して取引をもちかけることもあるでしょう。案件によっては、企業が法人として弁護士と協議し、検察官に取引をもちかけることもあると思われます。

司法取引をした場合、検察官から犯罪を犯した人に対して、以下の四つのことが求められます。

(一)検察官・警察官の取り調べにおいて、真実の供述をすること
(二)証人として尋問を受ける場合、真実の供述をすること
(三)犯罪事実を明らかにするための証拠を提出すること
(四)犯罪を明らかにするために、必要な協力をすること

これに対し、捜査協力への見返りとして、検察官が提供するのは、

(一)検察官が起訴しないこと
(二)すでに起訴されている場合は、それを取り消すこと
(三)適用する刑罰を軽いものに変更すること

となっています。

取引が成立するかどうかは、検察に対して、首謀者などを有罪にできるだけの「**確たる証拠」を提出できるかどうかで判断**されます。証拠になる帳簿や指示を受けたメール、やりとりの録音など、内部の人しか知り得ない証拠を提出できる場合は、取引が成立する可能性が高くなります。逆に、すでに検察が掴んでいる情報や証拠を申し出ても取引してくれる可能性は低くなります。そして、取引が成立した場合には、検察と被疑者や被告人、そして弁護士が署名した合意文書を作成すると効力を発揮します。

また、もし犯罪を犯した人が罪を逃れるため、まったく関係ない人を巻き込み、嘘の供述をした場合は、五年以下の懲役という罰則規定も盛り込まれています。

早期発見が被害拡大防止のカギ

日本版司法取引は、特に企業犯罪を摘発するためにつくられたような制度です。そのため、会社が社員に対して司法取引をおこなわないよう命令したり、司法取引に応じた社員を懲戒処分にしたり、取引先などに対して司法取引をおこなうことを禁止する契約を結んだりすることは禁止されています。企業が司法取引をコントロールすることは、極めて困難だと知ってください。

X社で不祥事が起こり、社員の一人が逮捕されたとします。

この時、X社としては社員の口止めはできませんので、逮捕された社員は、この不正は自分がやったのではなく、役員からの指示でやったと警察で供述してしまいました。

この場合、X社は何をしなければならないでしょうか。それはできるだけ早く、その不正行為がどのようなものだったのかを詳しく知り、それが図表17であげた日本版司法取引の対象となる犯罪かどうかを判断することです。

対象になる犯罪なら、役員や会社にまで捜査の手が及びます。ですから、できる限り捜査に協力し、会社の信用や価値を守るためにあらゆる手を打たなければなりません。時として、役員を解任するという厳しい判断を下すことも必要になってきます。

会社としては、警察や検察の捜査と同時に、自主的に調査し、事実関係を正しく把握する必要があります。この時に注意しなければならないことは、**社内調査が「証拠隠滅《しょうこいんめつ》」と疑われないようにする**ことです。証拠隠滅と捜査機関に思われてしまうと、信頼関係が壊れ、司法取引することもできなくなってしまったり、証拠隠滅罪《しょうこいんめつざい》に問われたりします。

しかし本来は、社員が逮捕されてから動くようでは遅すぎます。

社内に不祥事が発生しない環境をつくると共に、早期発見と外に漏れない仕組みが大事になってきます。その時に役立つ制度の一つが「**内部通報制度**」です。

「**内部通報制度**」とは社員・職員などが、法令違反、規則違反や不正行為、疑問などを組織内部の窓口に対して相談・通報する制度です。同じような言葉に「内部告発」がありますが、これは捜査機関や行政、消費者団体、マスコミなど外部に通報するものですので間違えないようにしてください。「内部告発」がおこなわれてしまうと、企業として対応できませんが、「**内部通報**」であれば、企業で事前に的確な対応ができる余地があります。

しかし、制度自体は大手企業の多くがすでに取り入れていますが、しっかりと機能しているところは少ないようです。ですから、このタイミングで「**内部通報制度**」が機能するよう見直してみるといいかもしれません。

もう一つは「**社内リーニエンシー**」という制度です。先ほど説明したように、「早く告白すれば罪は問わない」という制度です。これにより通報者の心理的垣根を低くすることが期待できるので、不正の早期発見には有効な制度だと思われます。

どちらにしても「日本版 司法取引」は、いち早く捜査機関に供述することでのメリットが大きいため、競合他社が抜け駆けして訴え出たり、自社の違法行為や不祥事を、信頼していた従業員であっても、捜査機関にリークしたりすることが出てくると思います。

自社や経営トップが司法取引に巻き込まれることを防ぐには、究極のところ、社長はもちろんのこと、役員や社員にいたるまで法令違反行為に関与しないことです。何度もお伝えしているように、「法律なんて守っていたら、事業なんてできない」という考えは、もう、今の時代には合いません。企業の寿命を縮めるだけだということを知ってください。

永続企業になるには、倫理が必要不可欠ということです。

第七章のまとめ

1. これから社長が注意しておくべき法的リスクは、「集団訴訟」「域外適用」「日本版 司法取引」の三つがキーワード。

2. 日本にも「人生にも、仕事にも、法律リスクがつきもの」という新しい社会常識が生まれつつある。

3. 一つの事故が発端になり、数十億、数百億の損害賠償に発展。米国の経営者がおびえる「集団訴訟」が上陸。

4. 外国政府が法律で日本企業を攻撃してくる。他国の法律でも罰せられる「域外適用」にどう対応するか。

5. 二〇一八年六月施行「日本版 司法取引」で、社長をターゲットにした内部告発が激増する。

6. 「法律を守っていたら、事業が成り立たない」という考えは古い。今は、法律を守った上でいかにして利益を出すかの時代に入っている。

（※４３）ポータルサイト（portal site）＝インターネット上で、必要な情報を得るために最初にアクセスするような、各種の利便性を備えたサイト。Yahoo! JAPAN や Google など。

（※４４）過払金返還＝消費者金融やクレジットカード会社に対して、支払い過ぎていた利息を返還させる手続き。

（※４５）課徴金＝国・地方公共団体などが国民から徴収する金銭のうち、租税を除いたものをいう。罰金や手数料をはじめ独占禁止法に違反し、不当に得た利益と認定された金銭の一定割合の徴収などがある。

引用：（※４３）についての説明は、『広辞苑（第七版）』（岩波書店　２０１８）より引用しました。
（※４５）についての説明は、『デイリー法学用語辞典』（三省堂編修所編　２０１５）より引用しました。

参考文献

『労基署は見ている。』原論著　日本経済新聞出版社
『人の上に立つ人の仕事の実例「危機管理」術』佐々淳行著　三笠書房
『ケースで学ぶ 社員の不祥事・トラブルの予防と対策』本間邦弘著・清見勝利監修　日本経済新聞出版社
『域外適用法令のすべて』アンダーソン・毛利・友常法律事務所監修・著　きんざい
『日本版司法取引と企業対応』平尾覚著　清文社
『法学セミナー　二〇一八年一月号』日本評論社
「ヤフー事件・ＩＢＭ事件の捉え方と今後の対応」『旬刊 経理情報』2014/9/10　Ｐ４８　中央経済社
佐藤修二「ヤフー事件・ＩＢＭ事件の終結を迎えて」『ＮＢＬ』2016/4/1　Ｐ６８　商事法務
山口幹生「日本版司法取引の施行に向けて役員が知っておくべきこと」
『ビジネスロー・ジャーナル』2018/5　Ｐ６４　レクシスネクシス・ジャパン
『デイリー法学用語辞典』三省堂編修所編　三省堂
『広辞苑（第七版）』新村出編　岩波書店

著者／鳥飼重和（とりかい　しげかず）氏について

「社長を守ることが、会社を守ることにつながる」との信念で、自由競争社会で最強の武器である法律を活用し、「戦わずして勝つ」経営参謀型の弁護士。

企業法務の弁護士として、勝訴が困難と言われている税務訴訟で、2008年から10年の3年間で、35事件中25件を勝訴、輝かしい実績をもつ税務訴訟の開拓者。現在は、「変革期の現在、社長と会社を守るには、想定外の事態への事前対応・準備が必要」と、従来からの訴訟中心の紛争解決型ではなく、経営と法務を統合したリスク想定回避型の戦略提案を活動の中心に据えている。

日本経済新聞社が調査した「企業が選ぶ弁護士ランキング」の「税務部門」では第1回（2013年）及び第2回（2016年）で、いずれも総合1位。さらに、2017年の「金融・ファイナンス部門」でも、5位に選ばれている。また、世界の法曹界や企業が注目する評価機構チェンバースの2018年弁護士ランキングでは、「税務部門」の筆頭に選出。

1947年福岡県生まれ。中央大学法学部卒業。税理士事務所勤務後、90年弁護士登録。94年鳥飼総合法律事務所開設、代表弁護士に就任。一部上場企業から急成長のベンチャーまで、数多くの社長と会社の用心棒的経営参謀になっている。

主な著書：『豊潤なる企業』『社長のための残業時間規制対策』『幸運の法則』『幸せの順番』『新たな税務調査手続きへの対応』『内部統制時代の役員責任』『株主総会の議長・答弁役員に必要なノウハウ』『株主総会徹底対策』など多数。

〈職務〉

・鳥飼総合法律事務所　代表弁護士・税理士
・ユナイテッド・スーパーマーケット・ホールディングス　社外取締役
・栗田工業株式会社　社外監査役
・元日本税理士会連合会　顧問
・元日本内部統制研究学会　会長

〈著者の連絡先〉

鳥飼総合法律事務所
東京都千代田区神田小川町1丁目3—1　NBF小川町ビルディング6階
電話　03(3293)8817　FAX　03(3293)8818
ホームページ　http://www.torikai.gr.jp/

慌てない・もめない・負けない経営

定価：本体 一三、五〇〇円（税別）

二〇一八年 六月二十六日 初版発行
二〇一八年 十月 一日 再版発行

著者 鳥飼重和
発行者 牟田太陽
発行所 日本経営合理化協会出版局
東京都千代田区内神田一—三—三
〒一〇一—〇〇四七
電話 〇三—三二九三—〇〇四一（代）

装丁 美柑和俊
印刷 精興社
製本 牧製本印刷

ISBN978—4—89101—399—8 C2034